AF603496

VIE

DE

LOUIS XVIII.

> Il a régné pour ses peuples, il a fait tout le bien qu'il pouvait faire.
>
> VOLTAIRE, *Panégyrique de Saint-Louis.*

LOUIS XVIII

SA VIE, SES DERNIERS MOMENTS

et Sa mort

PAR M. E. M. DE S. H.

Louis XVIII méditant la charte.

Paris

LIBRAIRIE DE PEYTIEUX

Galerie Delorme.

1825.

LOUIS XVIII:

SA VIE,

SES DERNIERS MOMENS ET SA MORT;

SUIVIS

DU DÉTAIL DE SES FUNÉRAILLES,

d'un Recueil

D'ANECDOTES SUR CE PRINCE, RÉDIGÉES D'APRÈS DES DOCUMENS AUTHENTIQUES ET INÉDITS; D'UN CHOIX DE SES LETTRES ET DE QUELQUES-UNES DE SES POÉSIES;

PAR E. M. DE ST.-H.

Un Roi, digne de la couronne,
Ne sait pas descendre du trône;
Mais il sait descendre au cercueil.

VICTOR HUGO.

Paris,

PEYTIEUX, LIBRAIRE-ÉDITEUR,

GALERIE DELORME.

1825.

AVANT-PROPOS.

Louis XVIII n'est plus ! mais sa mémoire est éternelle. Tout ce qui se rattache à la personne de ce Monarque est l'objet de l'intérêt des Français dont il a fait le bonheur. C'est aux plus habiles écrivains qu'il appartient de tracer l'histoire d'une vie et d'un règne aussi remarquables. Ils diront combien le roi que nous pleurons fut bon, résigné, patient, religieux et magnanime, sous le poids des plus cruels revers. Ils diront quelles furent ses angoisses, tant qu'il vit son peuple écrasé sous l'épée d'un ambitieux conquérant; quelles furent ses sollicitudes pour rendre à la France une paix dont elle était privée depuis si long-temps. Ils diront combien il fut bienfaisant, ce règne qui calma tant de souffrances, guérit tant de blessures, ferma tant de plaies; combien il fut glorieux, ce règne qui, sans efforts, sans secousses, par la seule puissance de la sagesse, fit, dans l'espace de quelques années, disparaître tout ce qui est mal, et réédifia tout ce qui est bien. Ils diront, enfin, les derniers momens de Louis XVIII; et la postérité la plus reculée ne pourra se lasser d'admirer ce Monarque, qui posséda éminemment toutes les qualités de l'homme, d'un roi, et d'un sage; ce Monarque, en un mot, qui sut vivre, qui sut régner et qui sut mourir.

Nous sommes loin de nous

supposer les talens que nous jugeons indispensables pour accomplir un si grand ouvrage : aussi, ne l'avons-nous pas entrepris ; mais, dans la persuasion où nous sommes que la partie de la vie de Louis XVIII qui excite le plus l'amour des Français est celle qui les intéresse davantage, nous nous sommes appliqués particulièrement à donner à nos lecteurs un Recueil complet d'anecdotes, de mots remarquables, d'actions généreuses, de traits de bienfaisance, de bonté, d'esprit et de magnanimité, qui honorent à jamais le souvenir de ce Prince.

Nous avons recueilli ces faits avec le plus grand soin, et nous les avons rédigés sur des documens authentiques et la plupart inédits.

Au commencement de l'ouvrage, nous avons placé un abrégé de la vie de Sa Majesté, suivi de la relation de ses derniers Momens, et, enfin, du détail des Cérémonies qui ont eu lieu pour ses Funérailles.

Nous avons cru ne pouvoir mieux terminer que par un choix de ses Lettres, et quelques-unes de ses charmantes et ingénieuses Poésies.

LOUIS XVIII.

DE L'IMPRIMERIE D'A. BÉRAUD,
Rue du Foin Saint-Jacques, n° 9.

VIE

DE LOUIS XVIII.

Louis-Stanislas-Xavier, roi de France et de Navarre, dix-huitième du nom, reçut, en venant au monde, le titre de *comte de Provence.*

Il naquit à Versailles, le 16 novembre 1755, et dut le jour au fils aîné de Louis XV, surnommé *le Grand Dauphin*, et à Marie-Josephe, princesse de Saxe, époux dignes l'un de l'autre autant par leurs éminentes vertus, que par leur admirable piété. Ce Prince avait pour frère aîné le duc de Berri, depuis Louis XVI, et pour frère cadet le comte d'Artois, aujourd'hui notre bien-aimé roi Charles X. Madame Elisabeth leur sœur, martyre comme Louis XVI, était une Princesse accomplie.

Le Grand Dauphin, qui présidait lui-même à l'éducation de ses fils, ne déguisait pas sa prédilection pour le comte de Provence qui se faisait remarquer par sa promptitude et sa sagacité à saisir les leçons de ses maîtres.

La France jouissait alors de tout l'éclat qu'avait répandu sur elle le règne à jamais mémorable de Louis XV. Nul peuple n'était l'égal des Français ni pour la culture des arts, de l'esprit et des sciences, ni pour l'élégance et la courtoisie des mœurs, ni pour l'emploi brillant de la richesse. Ils étaient les modèles de toutes les nations, l'objet de leur admiration et, par conséquent, de leur envie. Jamais l'avenir ne s'était montré avec plus de charme.

Qui aurait pu penser alors que les jeunes Princes dont la naissance se succédait d'année en année pour le soutien du trône de France, fussent un jour obligés de quitter le sol qui les a vu naître, et dussent subir les épreuves les plus cruelles de la mauvaise fortune ! Plus de trente ans s'écoulèrent sous un ciel sans nuages : mais de quelles affreuses tempêtes il se chargea tout-à-coup, et combien la prudence humaine se trouve faible en présence de tant d'événemens inattendus et de tant de périls imprévus !

Le Grand Dauphin voyait, avec satisfaction, se développer les précieuses semences qu'il avait jetées dans le cœur de ses enfans, lorsqu'une maladie mortelle le leur ravit à la fleur de l'âge. Les premiers soins de l'auguste veuve, mère aussi prévoyante que tendre, furent de suivre, à l'exemple de son époux, l'éducation des jeunes Princes. Mais, hélas ! la mort vint bientôt séparer cette respectable Princesse de ses enfans chéris ; elle les recommanda, avant de rejoindre celui qu'elle n'avait cessé de pleurer, à la tendresse de leurs tantes, mesdames Adélaïde et Victoire de France. Les augustes orphelins honorèrent par de touchans regrets la mémoire de leurs vertueux parens, et ne cherchèrent des consolations que dans la religion et l'étude.

Une année après le mariage de son frère aîné (alors Dauphin), le comte de Provence épousa Joséphine de Savoie, fille de Victor Emmanuel III, roi de Sardaigne. La célébration du mariage eut lieu, le 14 mai 1771, dans la chapelle du château de Versailles.

Le 10 mai 1774, Louis XV descendit au tombeau. La couronne passa sur la tête de son petit-fils, le duc de Berri, qui prit le nom de Louis XVI. Le comte de Provence prit en même temps le titre de MONSIEUR, dévolu au frère aîné du Roi par les usages de la monarchie.

Le comte de Provence partageait son temps entre ses devoirs de Prince et d'époux. Il était désigné alors comme l'héritier présomptif de la couronne de France, la reine Marie-Antoinette n'ayant encore donné aucun signe de fécondité.

En 1777, MONSIEUR et son frère,

le comte d'Artois, prirent la résolution de parcourir l'intérieur du royaume. Ils partirent donc de Versailles le 10 juin, accompagnés de plusieurs seigneurs attachés à leur service. Ils parcoururent les provinces méridionales, en commençant par la Guyenne, puis Bordeaux, Toulouse, Sorèze, Marseille, Tarascon, Nismes, Toulon; enfin, dirigeant leur route vers Avignon, qui appartenait alors au Pape, ces illustres voyageurs, après avoir visité les bords de la Durance et la célèbre fontaine de Vaucluse, reprirent le chemin de la capitale.

Partout, sur leur passage, les habitans des campagnes quittèrent leurs travaux pour jouir de la vue des frères de leur Roi. Tous les pas de ces augustes Princes furent marqués, soit par des actes de bonté, soit par des signes de bienveillance, et partout ils reçurent des témoignages d'amour et de respect.

Dix années de bonheur étaient encore réservées à la France et à la Famille royale; mais hélas! elles s'écoulèrent bientôt.

Déjà des ministres insensés s'érigeaient en réformateurs; ils secondaient les desseins perfides de ces prétendus philosophes qui, poussés par le cynisme et la dépravation, tendaient à la dissolution de tous les liens sociaux.

Voyant avec peine ces dispositions des esprits, MONSIEUR, épris des charmes de la vie privée, acheta le château de Brunoy, non pour y donner des fêtes, comme on l'a prétendu, mais bien pour y mener une vie sédentaire, au sein des sciences et des arts. Là, il passait des heures de la matinée dans son cabinet, occupé à lire les meilleurs auteurs. Quelquefois même il ne dédaignait pas de tirer quelques sons de la lyre d'Anacréon, et l'on possède de lui différentes pièces qui donnent une juste idée de la finesse de son goût en littérature.

MONSIEUR ne dissimulait pas la protection qu'il accordait aux lettres et aux arts; il combla de ses bienfaits un grand nombre d'artistes et d'auteurs distingués.

Il fonda à Paris le Lycée où Laharpe commença sa réputation par les leçons qu'il y donnait, et où Pilatre-du-Rosier et Charles Montgolfier s'illustrèrent par une tentative aussi étonnante que hardie.

C'est en vain que la tardive mais heureuse fécondité de la Reine et la naissance d'un Dauphin comblèrent de joie et d'espérance la France entière : les factions se formaient dans l'ombre, et déjà l'on tramait la ruine de la Famille royale.

Le 22 février 1787, Louis XVI eut l'imprudence de faire convoquer les notables de son royaume pour aviser aux moyens de rétablir les finances ; l'assemblée se divisa en sept bureaux ou comités, chacun présidé par un prince du sang. Le premier l'était par MONSIEUR.

Le public qualifiait ces comités d'après le caractère et les discours de leur chef : ainsi celui de MONSIEUR était désigné sous le nom de *Comité des Sages*. MONSIEUR ne manquait pas un seul jour de présider son bureau, et le Roi lui savait gré de ses soins.

Tout était encore possible pour affermir la monarchie chancelante ; mais le concours des plus détestables manœuvres, en excitant le peuple, fit voir au Roi que les sinistres prophéties, consignées dans les *Mémoires* que monsieur le comte de Provence avait composés en 1774, commençaient à s'accomplir.

Le 6 août 1787, Louis XVI tint un lit de justice à Versailles. Le Parlement protesta : il fut exilé à Troyes en Champagne. Monsieur reçut l'ordre d'aller faire enregistrer les deux édits à la cour des Comptes, et le Parlement déclara nulle et illégale la transcription faite sur ses registres.

Telle fut l'origine des désordres précurseurs de la révolution, et que ne surent, ni prévoir, ni empêcher des ministres d'une incapacité absolue et d'un entêtement funeste.

Louis XVI avait promis la convocation des États généraux : c'était le but et l'espoir du parti populaire. Monsieur l'embrassa ouvertement, entraîné, de même que le Roi, par l'amour du bien public. Appelé au Conseil quand la crise parut menaçante, il vota pour la déclaration royale du 23 juin, déclaration qui, avec plus de fermeté de la part du Roi, et sans la mauvaise foi du ministre Necker, eût pu encore sauver la monarchie.

Monsieur, uni au Roi par les liens du sang et par l'amitié, s'attacha encore davantage à son frère, le voyant environné de périls.

Nous n'attristerons pas ce récit en rappelant les sanglantes catastrophes qu'enfanta la révolution de 1789. On connaît les désastreux événemens qui se succédèrent sans interruption jusqu'en 1793. Nous nous contenterons de dire que MONSIEUR resta aux côtés de son auguste frère, et qu'il eut le courage de supporter avec lui la coupable journée du 6 octobre, la captivité de Paris et tous les excès auxquels se livrèrent un peuple aveugle et de criminelles factions.

Les progrès de la révolution devenaient de jour en jour tellement effrayans, que le Roi et la Famille royale durent songer à leur propre salut. D'après les instances réitérées de Louis XVI et de la Reine, MONSIEUR fit avec tant de prudence les préparatifs de son exil, qu'aucune personne de sa maison ne soupçonna son dessein (1). Il a décrit lui-même ce voyage périlleux d'une manière si naïve et si sublime en même temps, que nous ne croyons pouvoir mieux faire, que de renvoyer nos lecteurs à la *Relation* qu'il en a faite lui-même, et où il dépeint toutes les inquiétudes dont il fut agité jusqu'à sa sortie de France.

C'est de cette époque que commence le long exil de ce Prince infortuné. Dès-lors, jusqu'à sa rentrée en France, sa vie ne fut plus qu'un tissu de malheurs et d'afflictions. Contraint, pour échapper à la rage insensée des révolution-

(1) MONSIEUR, accompagné du comte D'Avaray, partit du Luxembourg dans la nuit du 20 au 21 juin 1791.

naires, de quitter sa patrie et le palais de ses ancêtres, il se consolait dans le doux espoir de se trouver bientôt réuni à son Roi (1), à ses frères, à toute sa famille : quelle fut sa douleur, quand il apprit le funeste événement de Varennes ! Eh bien ! son premier désir, sa première pensée, furent de rentrer en France, et de venir partager la captivité et les tribulations de son trop malheureux frère ; il fut retenu par les larmes et les sages remontrances du comte d'Avaray, son fidèle compagnon d'infortune.

Bientôt après, M. le comte d'Ar-

(1) Louis XVI devait quitter le château des Tuileries pour aller à Montmédy. Il avait ordonné à MONSIEUR de se rendre à Longwy, en passant par les Pays-Bas autrichiens : ce que fit MONSIEUR. On sait comment Louis XVI fut arrêté dans sa fuite.

tois (1) rejoignit MONSIEUR à Bruxelles, où ils furent reçus par l'archiduchesse d'Autriche avec le plus vif empressement.

Le danger croissait de jour en jour. Louis XVI et la Reine étaient prisonniers; MONSIEUR se dévoua tout entier au salut du Roi, et ce fut après son entrevue avec le roi de Suède, à Liége, qu'il fixa sa résidence au château de Schonbursistust près Coblentz, que lui donna son oncle, le duc de Saxe, électeur de Trèves, et où il commença à plaider courageusement, auprès des Puissances du Continent, la cause de la monarchie française.

---

(1) Ce prince partit de Paris précipitamment le 16 juillet 1789, accompagné de M. le prince de Condé et d'une foule de personnes attachées à la cour.

Convaincu que le Roi continuait d'être exposé aux plus grands dangers, ne pouvant plus communiquer avec lui secrètement, MONSIEUR déposa son sentiment et ses projets dans un *Manifeste* que la presse rendit public.

Dès ce moment, il s'occupa de former une armée, intéressée elle-même dans la grande cause qu'il s'agissait de défendre.

Les émigrés arrivaient de toutes parts, et ceux attachés spécialement à la Maison militaire du roi de France, composèrent un corps considérable de cavalerie, sous le nom de *Chevaliers de la Couronne*. Cette entreprise annonçait l'issue la plus favorable. Mais cette ardeur était loin d'être partagée par les cabinets des Puissances étrangères : la Prusse et l'Autriche, effrayées de l'ascendant que prenait la révolution française, déclarèrent qu'elles n'agiraient que de concert avec ces mêmes Puissances.

De son côté, Louis XVI, dominé par la faction, essayait de ramener auprès de lui son auguste Famille et ceux qui avaient été forcés de fuir avec elle. MONSIEUR répondit au Roi : « J'ai lu avec respect la lettre de » Votre Majesté ; l'ordre qu'elle con- » tient n'est pas l'expression libre de » sa volonté, et mon honneur, mon » devoir, ma tendresse même me dé- » fendent également d'obéir. »

Rien n'était plus juste que cette observation ; car, à cette époque, le Roi, esclave dans son palais, en butte à toutes les insultes d'une populace rendue furieuse et cruelle par l'argent et les instigations des factieux, était déjà réduit à remettre ses pouvoirs entre les mains de ses propres ennemis, et à faire la guerre à ceux qui s'étaient declarés ses défenseurs.

Ce fut alors que les Puissances se virent forcées de sortir de leur insouciante inaction, et les Princes purent armer librement. MONSIEUR et son auguste frère étaient chacun à la tête d'un corps de Français brûlant de se signaler dans les champs de l'honneur. Prêt à entrer en campagne, MONSIEUR, après avoir passé son armée en revue, harangua ses troupes; et l'armée combinée pénétra en France en août 1792.

On sait quelle fut l'issue de cette déplorable campagne.

Le cœur navré de douleur, MON-

SIEUR se vit contraint de se retirer dans la petite ville de Ham, sur la Lippe, en Westphalie. Ce fut là que, quelques mois après, ce malheureux Prince apprit, avec une douleur difficile à décrire, que le plus grand des crimes avait été commis : la tête sacrée du chef auguste des Bourbons venait de tomber sous la hache d'une troupe d'athées parricides.

MONSIEUR s'empressa de proclamer Louis-Charles de France (1), en naissant duc de Normandie (2), dix-septième de nom, roi de France, et de déclarer sa régence. Il notifia le titre de *Lieutenant-général du royaume*

---

(1) Le 28 janvier 1793, alors détenu à la tour du Temple.

(2) A Versailles, le 27 mars 1785.

à M. le comte d'Artois. Tous les fléaux de la révolution déployaient en ce moment leurs fureurs en France ; de toutes parts les partis armés s'organisaient, et les provinces de l'Ouest et du Midi étaient en pleines insurrections.

La prise de Toulon, au nom de Louis XVIII, fit briller un instant quelques lueurs d'espérance. Le prince Régent, appelé par les Toulonnais, se hâta de quitter sa retraite de Ham, et se rendit en Italie pour s'y embarquer. Il était trop tard. Déjà Toulon était rentré sous la domination de la République.

De quelle douleur le cœur du prince Régent se trouva-t-il déchiré ! Il se flattait de pouvoir fixer son séjour à Turin ; mais une vaine terreur avait saisi les rois eux-mêmes, et les droits du sang furent méconnus. MONSIEUR reçut l'ordre de quitter le Piémont. Le duc de Parme, son parent, n'osa lui accorder un asile. Le petit-fils de Louis XIV, le descendant de Saint-Louis, de Henri IV, le frère du meilleur roi de l'Europe, ne trouve à reposer sa tête que sur le territoire d'une république. Venise consentit à lui ouvrir les portes de Vérone.

Le jeune Prince, son pupille, prisonnier à la tour du Temple (1), livré à la férocité d'un misérable, plutôt son bourreau que son gardien, ne pouvant résister aux indignes traitemens dont il était l'objet, exhala son âme inno-

(1) Le 8 juin 1795, âgé de dix ans deux mois douze jours.

cente dans les souffrances et l'anéantissement de toutes les facultés morales et physiques.

Le droit de naissance et les lois du royaume appelaient au trône le frère de l'infortuné Louis XVI ; mais quel moyen de venir l'occuper? Cependant Louis XVIII fut solennellement proclamé dans le camp des braves Vendéens ; il fit notifier son avènement aux diverses Puissances de l'Europe ; il adressa même une proclamation aux Français, pour les rappeler à l'amour et à la fidélité envers leur souverain légitime, promettant un pardon général à tous ceux qui se soumettraient à son autorité.

Hélas ! le Monarque devait encore éprouver de longues et douloureuses tribulations, avant que la Providence lui remît entre les mains, au sein de sa capitale, le sceptre de ses aïeux. La fatale expédition de Quiberon vint porter dans son cœur paternel de nouvelles douleurs, et, pour comble d'infortune, la cour d'Espagne elle-même ne rougit pas de faire alliance avec la république française.

Cependant le courage de Louis XVIII se soutenait; il avait pu conserver des agens en France. On compta quelque temps sur le dévouement de Pichegru: la mauvaise fortune s'y opposa encore, car la fatale journée du 18 fructidor fit voir aux agens du Roi qu'ils s'étaient trompés. La contre-révolution était encore impossible. Buonaparte seul aurait pu la faire, mais il ne le voulut pas.

Les victoires de ce général avaient

porté l'effroi dans toute l'Italie. La république de Venise, effrayée comme toutes les autres Puissances du Continent, ne crut plus pouvoir, avec sûreté, accorder un asile au roi de France : elle le fit sommer de quitter son territoire (1).

Le Roi se rendit de Vérone à l'armée du prince de Condé ; car il avait senti combien il était désavantageux et pénible pour lui de n'avoir pu se montrer à la tête des fidèles serviteurs armés pour sa cause.

Dès que le bruit de son arrivée se fut répandu, il excita un extrême enthousiasme. Sa Majesté passa en revue l'armée du Prince : celle de la République était campée sur l'autre bord du Rhin.

---

(1) 21 avril 1796.

La présence de Louis XVIII sur les frontières pouvait ranimer toutes les espérances ; Louis le savait, et s'en réjouissait ; mais le cabinet d'Autriche le savait aussi, et sa politique s'en effraya. Quinze jours s'étaient à peine écoulés depuis l'arrivée du Monarque, que déjà l'Autriche exigeait son éloignement. C'est alors que le Roi déclara positivement que la force seule pourrait l'obliger à quitter le poste où l'honneur l'avait appelé ; car on se disposait à passer le Rhin, et il jouissait d'avance de se trouver au milieu de ses fidèles sujets d'Alsace. Mais la fortune n'avait point épuisé toutes ses rigueurs : les événemens d'Italie changèrent tout, et les espérances du Roi s'évanouirent encore. Environné de périls, il se décida à prendre la route du Danube, et s'arrêta à Dillengen, petite ville située près de ce fleuve.

Il n'y avait pas trois jours que le Roi y était arrivé, qu'il faillit être assassiné par un scélérat aposté qui lui tira un coup de carabine. La balle, fort heureusement, ne fit qu'effleurer le front au-dessus de l'œil, et cette légère blessure n'eut aucune suite.

Il était facile de deviner d'où partait le coup. L'Autriche ne s'était pas montrée assez favorable à Louis XVIII. Le Monarque vint se fixer dans les États héréditaires, et il préféra la petite ville de Blankembourg dans le duché de Brunswick. Un château, situé sur un rocher, devint son palais. Ses augustes neveux, les ducs de Grammont, de Villequier, de Fleury, de la Vauguyon; les comtes d'Avaray, de Cossé et de la Chapelle ; le marquis de Jaucourt et le maréchal de Castries, formèrent toute sa cour.

Là, il s'occupa de rassembler en un seul faisceau tous les élémens propres à ranimer le royalisme. Mais l'armée du prince de Condé, abandonnée lâchement par l'Autriche, se vit réduite à passer au service de la Russie. Buonaparte, vainqueur partout, força l'Empereur à composer avec lui ; et le traité de Campo-Formio fut un nouveau coup porté à la cause royale et surtout à l'âme de Louis XVIII.

Le traité révolutionnaire, qui venait d'être signé, allait conduire l'ordre social au bord de l'abîme. La république française somma le roi de Prusse d'exiger du duc de Brunswick qu'il renvoyât Louis XVIII de son asile de Blankembourg : le Roi essaya vainement d'en obtenir un en Saxe. Ne pouvant rester en Allemagne, il accepta avec douleur l'offre généreuse que lui fit Paul Ier d'aller résider à Mittau, capitale du duché de Courlande (1); et, le 20 mars 1798, le Roi fit son entrée à Mittau, ayant avec lui le duc d'Angoulême.

Paul Ier. ne se borna pas à de stériles faveurs : les sentimens les plus nobles, les vues les plus désintéressées, l'entraînèrent dans une guerre où il ne voulait que se réserver la gloire de combattre l'hydre des révolutions, et surtout celle de rétablir sur leur trône le roi de Sardaigne et le roi de France. Mais le cabinet de Saint-James, pivot de la coa-

(1) 11 février 1798.

lition nouvelle, persistait à ne considérer le parti royaliste de l'intérieur que comme auxiliaire des armées coalisées: au lieu d'en rallier tous les élémens sous le même étendard, l'Angleterre tendait simplement à arracher à la République ses conquêtes d'Italie.

Laissant au comte d'Artois, en qualité de *lieutenant-général du royaume*, le commandement du parti vendéen dans l'intérieur de la France, à la proximité des contrées de l'ouest, la Bretagne, le Maine et la Normandie jusqu'à la Somme, le Roi devait s'occuper plus particulièrement du Midi et du centre.

La campagne s'ouvrit au mois de mars (1) sur l'Adige et le Danube; cinq

---

(1) 1798.

batailles rangées, perdues par les *envahisseurs*, les punirent de trois ans d'outrage et de tyrannie, en leur arrachant le sceptre sanglant de l'Italie où cent mille soldats trouvèrent le tombeau. La République s'écroulait, et les partisans de Louis XVIII répandaient avec profusion des proclamations royales, adressées à tous les Français.

Ce fut à cette époque (1) que le Roi réalisa l'intention qu'il avait depuis long-temps, comme chef de la famille des Bourbons, d'unir MADAME Royale, fille de l'infortuné Louis XVI, à son auguste neveu, Mgr. le duc d'Angoulême.

Depuis l'instant où cette Princesse

---

(1) Vers le mois de mai 1799.

fut rendue à la liberté par les bourreaux de sa famille, elle avait trouvé à la cour de Vienne un asile digne d'elle. Mais Louis XVIII n'ayant pu soutenir l'idée de la voir séparée de la France par une alliance étrangère, quelqu'utile qu'elle pût lui paraître pour s'en faire un appui, n'était pas resté un moment dans le doute sur le choix de l'époux qu'il désirait de lui voir accepter.

MADAME Royale se mit en route pour Mittau (1).

Le Roi alla au-devant de sa nièce; il la conduisit au château. Là, elle reçut les tendres caresses de la Reine et les hommages des fidèles serviteurs de sa famille.

---

(1) En mai 1799.

Le Roi pressa les préparatifs de ce mariage qui était son ouvrage. Dans la matinée du 10 juin, le Roi et la Reine assistèrent à la bénédiction nuptiale, dans une vaste galerie du château des anciens ducs de Courlande, où un autel avait été élevé à cet effet. Le Czar signa le contrat de mariage, et en fit recevoir le dépôt dans les archives du sénat.

C'est ainsi que Mittau, devenu l'asile des plus augustes infortunés, renfermait l'avenir des Bourbons. L'empereur Paul Ier. conféra à Louis XVIII le premier ordre de son royaume, celui de Saint Alexandre. Les regards de l'Europe étaient fixés alors sur Paul Ier. et sur Buonaparte, comme arbitres du Continent. L'homme, qui venait de s'emparer du gouvernement français par la ruse et la violence, eut l'art de fasciner les esprits : on le regarda comme seul capable de sauver la France sur le penchant de sa ruine. Il était mécontent des cabinets de Vienne et de Londres ; il dépêcha au Czar un émissaire adroit qui fit tant, que bientôt Paul rompit, sans aucuns égards, les liens d'amitié et de bienveillance dont il avait donné un témoignage si éclatant à l'infortuné Roi. Tout-à-coup il renvoie de Mittau ce Monarque, l'exposant ainsi à errer de contrées en contrées, au plus fort de l'hiver, pour trouver un asile que tous les souverains lui refusaient.

Louis XVIII partit de Mittau (1) le lendemain du jour d'un anniversaire

(1) 22 janvier 1801.

déchirant. Impassible pour lui-même, en butte aux plus cruels coups de l'adversité, son courage sembla s'accroître en raison de ses infortunes. Le duc d'Angoulême était absent : en vain le Roi pressa MADAME de ne pas l'accompagner dans une saison si dure; elle n'y voulut jamais consentir.

Le Roi et MADAME, accompagnés du comte d'Avaray, de l'abbé Frimont, de la duchesse de Frimont et de trois domestiques fidèles, se mirent en route pour Varsovie, dans deux voitures, comme étant le seul lieu que le gouvernement prussien voulût bien *tolérer* à cette malheureuse famille. Les ducs d'Angoulême et de Berri, alors au quartier-général de l'armée, vinrent les rejoindre. Ce fut deux ans après qu'un envoyé du cabinet de Buonaparte se présenta chez Louis XVIII, et lui fit, dans les termes les plus pressans et les plus persuasifs, la proposition de renoncer au trône de France, et d'exiger la même renonciation de tous les membres de sa famille; il ajouta que, pour prix de ce sacrifice, Buonaparte était disposé à assurer au Roi des indemnités en Italie et une existence brillante. On connaît la noble réponse que fit le Roi, par écrit, à cet envoyé, et l'on sait que les Princes s'empressèrent d'adhérer à de si glorieux sentimens.

On prétend que Buonaparte, à la nouvelle qu'il en reçut, médita un affreux projet de vengeance. Il aspirait au trône des Bourbons, et, pour y monter plus sûrement, il n'hésita pas à répandre le sang d'un Bourbon.

Les murs de Vincennes furent témoins du plus exécrable forfait ; l'Europe frémit d'indignation et d'horreur, et cependant nulle tête couronnée n'osa venger un pareil attentat. Tel fut l'excès de l'avilissement, tel fut l'excès de la corruption des conseils des potentats, que, par l'impulsion d'un indigne favori, le roi d'Espagne s'humilia jusqu'à décorer de la Toison-d'Or l'usurpateur du trône de la branche aînée de sa propre maison, l'assassin du duc d'Enghien.

Louis XVIII ne put supporter tant d'abaissement : il renvoya au roi d'Espagne l'ordre de la Toison-d'Or, qu'il ne pouvait plus porter conjointement avec l'usurpateur de son trône.

Après que Buonaparte eut fait massacrer indignement le duc d'Enghien, il conçut l'indigne projet de faire périr par le poison Louis XVIII et son auguste Famille qui résidait auprès de lui. Le Roi fut informé que des agens (dont un M. B*** était le chef,) venaient d'être envoyés à Varsovie pour lui dresser des embûches. Le Roi se disposait à partir pour Grodno, lorsque des indices certains prouvèrent que ces agens avaient le dessein de le faire périr par le poison. Ils avaient découvert qu'un nommé C......, tenant une espèce d'estaminet à Varsovie, avait des relations avec les gens du roi de France; ils commencèrent par l'enivrer, et lui firent ensuite l'horrible proposition de laisser pénétrer l'un d'eux dans la cuisine du Roi, pour empoisonner les mets qu'on devait lui servir. Ils s'étaient munis, en conséquence, d'une composition arsenicale, enfermée dans des légumes secs, habilement préparés pour l'exécution de ce crime. C...... feignit de se prêter à cette affreuse proposition, sous la promesse d'une forte récompense, et courut ensuite tout révéler au baron de Milleville, dont il avait été auparavant l'un des domestiques. Ces assassins, qu'il entretint dans la sécurité, eurent fort heureusement la simplicité de lui remettre les préparations meurtrières, sur la proposition qu'il leur fit de se charger lui-même de l'exécution du projet. Ce fut alors que la dénonciation de cette tentative homicide fut faite aux magistrats. Le scellé fut apposé sur le poison même; mais la Cour refusa d'informer, sous le prétexte que cette affaire appartenait à la justice criminelle. Ce fut vainement que le Roi demanda satisfaction lui-même; il ne put l'obtenir. Peu de temps après, il quitta Varsovie, et se rendit à Grodno, et de là, à Colmar, pour conférer avec Mgr. le comte d'Artois. Ils se séparèrent au bout d'une quinzaine de jours. Son intention était encore de revenir à Varsovie ; mais il apprit que le roi de Prusse s'était décidé à lui interdire toute espèce d'asile dans l'étendue de ses États. Telle était l'affreuse situation de cet infortuné Monarque, que toutes les Puissances semblaient l'abandonner à la fois.

L'empereur Alexandre fut le seul qui lui offrit une retraite à Mittau, qu'il avait précédemment habité, sous le règne de Paul Ier. Le Roi l'accepta une seconde fois, et c'est de là que

Louis XVIII fit répandre, avec profusion, la déclaration qui devait un jour servir de base à celle de Saint-Ouen; mais Buonaparte prit des précautions si sévères, qu'elle ne put pénétrer en France. Ses agens ne se reposaient pas: ils avaient essayé le poison à Varsovie; à Mittau, ils essayèrent le moyen du feu. Le château fut incendié plusieurs fois, en des endroits différens, mais inutilement. La garde du Roi veillait, et le Prince échappa encore à leurs machinations infernales. Malheureusement l'empereur de Russie, à cette époque, était en quelque sorte forcé de rechercher la paix avec la France: il l'obtint; et, le jour même, le Roi crut devoir quitter un séjour que lui interdisaient les usages et les convenances politiques.

La seule Angleterre était libre de l'influence de Buonaparte. Georges III ouvrit ses États au malheur couronné. MONSIEUR et les autres Princes, qui s'y étaient rendus antérieurement, reçurent le Roi à son débarquement. La Reine et madame la duchesse d'Angoulême se réunirent à lui un mois après.

Ce fut dans la retraite de Gosfield-Holl qui leur fut offerte par le prince de Buckingham, et où toute la Famille royale s'arrêta, qu'ils auraient pu goûter quelque repos, si le Roi n'avait eu le malheur de perdre la Reine son épouse, peu de temps après son arrivée. Ses funérailles furent célébrées à Londres avec tous les honneurs dus à son rang, et ses restes mortels furent déposés dans l'abbaye de Westminster.

Après une perte aussi sensible pour Sa Majesté, elle alla se fixer à Hartwel dont elle acquit la propriété. Là, le Roi vivait, au sein de sa famille, d'un revenu modique, dont il consacrait la plus grande partie à soulager ceux de ses fidèles sujets qui avaient tout perdu pour lui; il était révéré et béni de tous les habitans de ce lieu, et son auguste nièce partageait avec lui le soin de répandre des bienfaits.

Depuis 1804, époque de la dissolution de la dernière agence royale établie à Paris, le Roi n'avait plus, dans l'intérieur de la France, que des relations incertaines et fugitives. Enveloppé, pour ainsi dire, d'embûches dressées par les agens de Buonaparte, le Roi concentrait ses projets.

Vers la fin de 1806, deux grandes

nations (la France et la Russie) commencèrent à lutter ensemble avec acharnement dans une suite de combats et de batailles dont les chances variées n'eurent d'abord que des résultats incertains. La paix de Tilsit eût cimenté le triomphe de l'usurpation et l'asservissement de l'Europe, si, de même que Buonaparte, l'empereur Alexandre avait eu l'arrière-pensée de partager l'empire du monde pour le disputer ensuite à son compétiteur.

Cependant, il existait alors à Bordeaux le foyer d'un royalisme actif: des citoyens fidèles nourrissaient toujours l'espérance du rétablissement des Bourbons sur le trône de France. L'invasion, aussi injuste qu'atroce en Espagne par l'usurpateur, réveilla contre lui un ressentiment national. Le détenteur du trône des Bourbons était entraîné alors par une ambition sans frein. Du Vésuve et du Tage aux rives de l'ancienne Scythie, prêt à ravager la Moscovie, après avoir porté le fer et le feu dans Sarragosse, il touchait au déclin de toute sa gloire.

Le Roi, qui n'avait cessé de porter sa pensée et ses regards vers sa patrie, au milieu même des coups qui avaient successivement frappé son cœur, ne pouvait s'empêcher d'être ému de la gloire immortelle des armées françaises, quoique navré de les voir moissonnées dans des guerres injustes.

Le conquérant, humilié et fugitif, ranimait les restes de son parti, et formait une armée nouvelle; ébloui du faux éclat de trophées plus brillans que solides, il ne songeait pas que toutes les nations en masse allaient lui faire expier une puissance usurpée dont il avait trop long-temps abusé. Buonaparte, aux prises avec la ligue des rois, se flattait encore de la dissoudre, soit par la force, soit par des moyens secrets : sa défaite à Leipsick rendit la paix à l'Europe ; et le moment arrivait où le triomphe de la légitimité allait être décidé.

Au milieu des combats et du carnage, on négociait à Châtillon-sur-Seine ; on discutait les intérêts des rois et ceux de l'usurpateur du trône des Bourbons (1). Louis XVIII, instruit à Hartwel des événemens qui se passaient, écrivit au roi de Prusse et à l'empereur Alexandre. Trois jours

(1) 9 mars 1814.

après, Bordeaux, prenant l'initiative sur le reste de la France, proclama Louis XVIII sous les yeux et sous les auspices du duc d'Angoulème. Enfin, les événemens qui se succédaient avec rapidité, amenèrent la mémorable journée du 31 mars, et, avec elle, la restauration et la paix générale.

Bordeaux et Toulouse envoyèrent immédiatement des députés à Londres: Louis XVIII devait les suivre; les portes de son royaume lui étaient enfin ouvertes.

Alors, de tous les points de la France, se fit entendre le nom des Bourbons. L'approche et le nom seul de Louis XVIII, le retour précurseur de son auguste frère, firent éclater chez une génération toute nouvelle des sentimens, des transports, des émotions que, par une sorte d'instinct spontané, les enfans avaient reçus de leurs pères.

Le Roi partit de Hartwel, pour faire son entrée à Londres (1), avec tout le cérémonial dû à son haut rang. Trois jours après, il prit la route de Douvres en passant par Westminster. Il s'embarqua (2) sur le yackt royal *le Souverain*, et quitta le rivage hospitalier de l'Angleterre.

Le Roi mit pied à terre à Calais (3), et là, levant les yeux au ciel, il plaça la main sur son cœur, et adressa ses remercîmens et ses hommages au Souverain Maître des peuples et des rois;

---

(1) Le 20 avril 1814.

(2) Le 23 avril 1814.

(3) Le 25 avril 1814.

puis, il continua sa route sur Paris, se dirigeant vers Boulogne, Montreuil, Abbeville, Amiens et Compiègne.

La journée du 3 mai fut choisie pour son entrée solennelle dans sa capitale. Le soleil se leva sans nuages, et jamais un plus beau spectacle ne fut éclairé par un plus beau jour. Le chemin que le Roi devait parcourir était jonché de verdure et de fleurs; les maisons étaient décorées de tapisseries, et les fenêtres pavoisées de drapeaux blancs ; des essaims de fidèles serviteurs apportaient aux pieds du Roi l'hommage de tous les Français.

Sa Majesté se rendit à Notre-Dame avec son cortége, dans l'ordre et par les routes indiquées.

Dès que le Roi, entouré de tous les Princes de sa famille, fut entré dans le chœur de l'église, les cris mille fois répétés de *vive le Roi! vivent les Bourbons!* se firent entendre de toutes parts.

Sa Majesté, arrivée sous le dais qui lui avait été préparé, resta à genoux, tout le temps du service divin, dans le plus religieux recueillement. Le plus grand silence régna pendant toute la cérémonie : on vint offrir l'encens à Sa Majesté, qui se tint alors debout. Elle se prosterna de nouveau vers la fin du *Te Deum*.

Le *Domine salvum fac Regem* fut entonné et soutenu par l'immense réunion des spectateurs qui remplissaient les bas-côtés, la nef, le chœur et les tribunes de cette vaste basilique. On avait remarqué que, plusieurs fois, pendant le service divin, des larmes étaient échappées des yeux du Roi.

Après la cérémonie religieuse, Sa Majesté fut reconduite sous le dais, au bruit d'acclamations plus vives encore, s'il eût été possible, que celles qui s'étaient fait entendre à son arrivée.

Le cortége se remit en marche pour venir aux Tuileries. Au moment où il approcha du lieu où venait d'être relevée la statue de Henri IV, et que le Conservatoire, réuni au pied de la statue, fit entendre l'air national consacré à la mémoire du Bon Roi, le peuple et les soldats le répétèrent en chœur : l'enthousiasme fut porté à un degré vraiment inexprimable.

Le Roi entra, vers six heures, aux Tuileries, où le pavillon blanc flottait déjà, même avant l'arrivée de son auguste frère. Une foule immense remplissait le Carrousel, la cour du palais et le jardin. Sa Majesté, entourée de toute sa famille et des Princes, céda aux vœux empressés dont elle était l'objet: elle se montra, à plusieurs reprises, au balcon. Dans ce moment, le Roi ayant embrassé MONSIEUR, les plus vives acclamations éclatèrent. C'est alors que Sa Majesté, ayant tendu les bras vers la foule avec l'expression la plus touchante, l'enthousiasme fut au comble, et l'air retentit des cris de *vive le Roi! vive notre bon Père!* répétés mille fois par une multitude ivre d'amour.

La ville fut illuminée toute la nuit, et un grand nombre de maisons se distingua par des emblêmes ingénieux à exprimer la joie générale.

Enfin il était venu, ce moment tant désiré. La France entière avait poussé un cri de joie en voyant son Roi. La verge du tyran était brisée ; la liberté était revenue sur les pas du Monarque ; et le premier présent que fit à son peuple Louis XVIII fut la Charte, monument éternel de sa prévoyance et de sa bonté.

Nous croyons devoir terminer ici notre résumé de la Vie de Louis XVIII : il ne nous reste à parler que de son règne, et il est présent à la mémoire et au cœur de nos lecteurs. Nous ne finirons cependant pas sans rapporter le portrait de ce bon Roi, tracé avec tant de talent et de vérité par M. le vicomte de Châteaubriand :

« Louis XVIII, qui doit régner le » premier sur nous, est un Prince

» connu par ses lumières, inaccessible aux préjugés, étranger à la vengeance. De tous les souverains qui peuvent gouverner à présent la France, c'est peut-être celui qui convient le mieux à notre position et à l'esprit du siècle : comme de tous les hommes que nous pouvions choisir, Buonaparte était peut-être le moins propre à être roi. Les institutions des peuples sont l'ouvrage du temps et de l'expérience : pour régner, il faut surtout de la raison et de l'uniformité. Un Prince qui n'aurait dans la tête que deux ou trois idées communes, mais utiles, serait un souverain plus convenable à une nation, qu'un aventurier extraordinaire, enfantant sans cesse de nouveaux plans, imagi-

» nant de nouvelles lois, ne croyant
» régner que quand il travaille à trou-
» bler les peuples, à changer, à dé-
» truire le soir ce qu'il a créé le matin.
» Non-seulement Louis XVIII a ces
» idées fixes, cette modération, ce
» bon sens si nécessaires à un mo-
» narque; mais c'est encore un Prince
» ami des lettres, instruit et éloquent
» comme plusieurs de nos rois, d'un
» esprit vaste et éclairé, d'un carac-
» tère ferme et philosophique. »

FIN DE LA VIE DE LOUIS XVIII.

DERNIERS MOMENS

ET

MORT

DE LOUIS XVIII,

SUIVIS

DU DÉTAIL DE SES FUNÉRAILLES.

Il n'y a qu'un mauvais roi qui ne sache pas mourir !

Paroles de LOUIS XVIII *mourant.*

DERNIERS MOMENS

ET

MORT DE LOUIS XVIII,

SUIVIS

DU DÉTAIL DE SES FUNÉRAILLES.

Au commencement de septembre, des bruits alarmans sur la santé du Roi circulèrent dans la capitale : on refusa quelque temps d'y croire; mais, hélas! ils n'étaient malheureusement que trop fondés! La veille même de la fête de Saint-Louis, le Roi avait fait sa promenade accoutumée en calèche découverte : on avait remarqué que non seulement cette promenade avait été plus courte qu'à l'ordinaire, mais encore que la tête de S. M. était affaissée, et tombait presque sur sa poitrine.

Le 25 août, tous les officiers de la garde nationale de Paris furent frappés de l'extrême changement du Roi; mais le moral de S. M. était resté le même. Parmi les réponses que son élocution brillante et facile lui rendait familières, on distingua celle qu'il adressa à M. le préfet de la Seine, avec un accent qui peut se retenir, mais non se rendre: *Ma bonne ville de Paris* (dit-il) *connaît mon amour pour elle; je suis bien sûr que, lorsqu'elle célèbre ma fête, c'est du fond du cœur.*

Cet amour national des Français pour son Roi se manifesta d'une manière énergique dans ses derniers jours surtout. On était aux aguets pour ainsi dire; on recueillait les moindres paroles échappées des lèvres de ceux qui avaient le bonheur de l'approcher; on interprétait les signes des courtisans toujours ingénieux à tromper; on doutait même de ce qu'on pouvait voir et entendre, jusqu'à ce que les papiers publics, en donnant des nouvelles de la cour, vinssent dissiper toutes les illusions, attrister tous les cœurs.

Enfin, le 12 septembre, les journaux annoncèrent officiellement que le Roi n'avait pas reçu, et que, le lendemain (lundi), il ne recevrait ni les hommes ni les femmes. Ils promettaient de communiquer, jour par jour, les bulletins de la santé de Sa Majesté.

Le lendemain 13, on annonça que les infirmités anciennes et permanentes du Roi ayant augmenté sensiblement depuis quelques jours, la santé de Sa Majesté avait paru profondément altérée, et était devenue l'objet de consultations fréquentes.

La constitution du Roi et les soins qui lui avaient été donnés avaient entretenu, pendant quelque temps, l'espérance de voir sa santé se rétablir; mais on ajoutait qu'on ne pouvait se dissimuler aujourd'hui que ses forces ne fussent considérablement diminuées, et que l'espoir qu'on avait conçu ne dût aussi s'affaiblir.

Ce bulletin (ainsi que tous ceux qui suivirent) était daté de la chambre du Roi, et signé de MM. *Portal*, *Alibert*, *Montaigu*, *Distet*, *Dupuytren* et *Thévenot*, médecins et chirurgiens ordinaires de S. M. : il était contresigné par M. le comte de Duras, premier

Gentil-homme de la chambre du Roi.

Le même jour, des prières pour la santé de S. M. furent demandées à MM. les archevêques et évêques du royaume : à cet effet, Mgr. l'archevêque de Paris et le ministre des affaires ecclésiastiques, par une circulaire en date du 13 septembre, les ordonnèrent dans tous les diocèses du royaume.

Deux arrêtés, l'un du ministre de l'Intérieur et l'autre du ministre des Finances, prescrivirent la fermeture des spectacles, des musées, des bibliothèques, de la bourse et de tous les lieux publics.

Le 13, S. M. éprouva du calme pendant plusieurs heures de la nuit; mais la faiblesse devenait extrême, le pouls plus lent et plus faible. Cependant les facultés morales étaient toujours dans leur intégrité.

La Famille royale entendit la messe des malades; au retour, S. A. R. MONSIEUR, les Princes et les Princesses, que S. M. désirait voir, rentrèrent. Le Roi leur dit des choses touchantes, et, levant la main avec effort, ajouta : *En vous disant adieu, je veux vous donner ma bénédiction: que Dieu soit avec vous!*

Une femme du peuple, profondément émue, s'écria en voyant passer les enfans de France qui partaient pour Saint-Cloud : « Que le bon Dieu nous » les conserve ceux-là ! »

Le 14, le Roi fut toute la nuit dans un grand affaiblissement : la fièvre était toujours très-vive, et la faiblesse allait toujours en augmentant.

Tout paraissait suspendu dans Paris : les rues étaient silencieuses; et, si quelques personnes avaient un air empressé, ce n'était que pour questionner et apprendre des détails dont les moins importans étaient un sujet d'admiration, d'espoir ou de tristesse.

Tous ceux qui tenaient au service de S. M. et de nos Princes, remplissaient leurs devoirs avec un dévouement et un zèle qui ne se sont affaiblis ni par les veilles ni par les fatigues : leurs regards, élevés vers le Ciel, lui demandaient la conservation des jours d'un maître chéri, et ils semblaient offrir leur vie pour prolonger la sienne.

Les militaires ne prenaient pas moins de part à la douleur publique : officiers et soldats témoignaient, dans cette triste circonstance, une véritable affliction et leur attachement à un Prince qui se montra toujours fier de leurs succès, et qui exprima si souvent le regret de ne pouvoir marcher à leur tête.

Au milieu des plus cruelles souffrances, le Roi ne voulut pas que la joie publique fût troublée un instant pendant les solennités et les rejouissances dont sa fête avait donné le signal. *Un roi*, disait-il, *peut mourir*, *mais ne doit jamais être malade*.

Les gardes du château et des environs assurèrent que beaucoup de personnes avaient passé la nuit sur la place du Carrousel, en suivant, avec une inquiète curiosité le mouvement des lumières de l'intérieur des appartemens du Roi.

Le soir, Sa Majesté, voyant que tous

ses médecins se disposaient à passer la nuit auprès d'elle, dit à M. Portal : *J'espère que vous irez dormir, vous ; votre vie est trop précieuse à l'humanité.*

Le 15, à deux heures du matin, l'état du Roi devint de plus en plus alarmant. La gangrène faisait déjà des progrès rapides : le Roi cependant conservait toujours toute sa connaissance.

Informé qu'un grand concours de peuple avait lieu, pendant tout le jour, sous ses fenêtres : *j'ai donc fait quelque bien*, dit-il ; et cette idée consolante sembla adoucir pour lui les approches de la mort.

Mgr. l'archevêque de Paris se rendit auprès du Roi pour réciter les prières des agonisans : ce digne prélat fut tellement ému, en voyant l'état de faiblesse de S. M., qu'il omit de dire un verset. Le Roi, qui avait une connaissance profonde des Écritures, leva péniblement la tête et lui dit : *M. l'archevêque, vous passez un verset.*

Cependant sa constitution triomphait toujours de la fièvre. De temps en temps il répondait à Mgr. l'archevêque : *je vous suis, je vous suis*; et, quand les prières furent achevées, il demanda le crucifix : il souleva sa main défaillante, prit l'image du Sauveur, la porta à ses lèvres en disant : *Mon Dieu! mon Dieu! ayez pitié de moi!*

A une heure, le Roi éprouva une telle défaillance, sa respiration devint tellement courte et entrecoupée, le pouls si faible, que les médecins crurent que la dernière heure du Prince était venue. LL. AA. RR., informées de cette crise, accoururent auprès du Roi; ses yeux étaient immobiles, son sommeil ressemblait au sommeil de la mort.

A l'instant même, le bruit se répandit que le Roi venait d'expirer. Cette douloureuse nouvelle fut apportée dans les bureaux de M. le Préfet de police: mais aussi elle fut bientôt démentie: le sommeil n'était que léthargique. Le Prince s'éveilla, regarda autour de lui, et reconnut toute sa Famille qui fondait en larmes.

M. le curé de St.-Germain-l'Auxer-Rrois continuait, à voix basse, les prières près du lit de S. M. Quand il fut loin, le roi dit à un de ses médecins : *M. le curé a prié à voix basse de peur de m'effrayer : je n'ai pas peur de la mort; il n'y a qu'un mauvais roi qui ne sache pas mourir !..* Telles furent les dernières paroles du meilleur des rois.

La soirée fut des plus orageuses ; la fièvre avait redoublé, et la respiration devenait de plus en plus laborieuse.

Il y eut une nouvelle consultation de médecins : on attendait de moment en moment une nouvelle crise, et les médecins ne dissimulaient pas qu'elle serait la dernière. Un d'eux qu'on vit sortir du château, essuyait les pleurs qui tombaient de ses yeux.

A 11 heures du soir, les médecins déclarèrent que S. M. n'avait plus que quelques heures à vivre. Les Princes et Princesses du sang entouraient le lit de l'infortuné monarque. Louis conservait toujours sa connaissance. Il jetait les yeux autour de lui. Il voulait parler, mais sa bouche ne rendait plus que des sons inarticulés. Il fit signe qu'on lui donnât le crucifix; mais ses mains étaient trop faibles pour soutenir l'image de Notre Seigneur. On l'approcha de ses lèvres, il la baisa plusieurs fois, et ses yeux se tournèrent vers le ciel.

Il était trois heures. Le Roi perdit entièrement connaissance; son œil devint terne, un râle affreux annonça que le moment fatal approchait.

Le dernier tintement de l'horloge du château annonçait quatre heures, et la terrible catastrophe que les vœux les plus ardens de tout un peuple espéraient en vain de conjurer, venait de s'accomplir.

Le Roi avait cessé de vivre.....

Un nouveau fils de Saint-Louis montait au ciel; un nouveau fils de

Saint-Louis montait sur le trône.

A SIX heures du matin, le roi Charles X, accompagné de LL. AA. RR. Mgr. le Dauphin, madame la Dauphine, et de Madame la duchesse de Berry, partit pour sa résidence royale de Saint-Cloud, où S. M. resta pendant tout le temps voulu par l'usage.

Une foule considérable de Français fidèles fit entendre, sur le passage du Roi et de son auguste Famille, les cris, répétés avec le plus vif enthousiasme, de *vive le roi Charles! vivent nos Princes!* Sa Majesté fondait en larmes.

A huit heures du matin, M. le duc de Damas fit annoncer que les portes de l'appartement du Roi, aux Tuileries, seraient ouvertes au public, pendant trois jours, depuis dix heures du matin jusqu'à six heures du soir.

Une foule avide de contempler encore une fois les traits chéris d'un roi tant aimé, arriva des divers quartiers de la capitale, pendant tout le temps que le corps de S. M. fut exposé. On assure que plus de 200,000 personnes de tout sexe et de tout âge furent admises à l'honneur de jeter de l'eau bénite sur le cercueil du Roi défunt, sans compter les divers corps de l'État qui obtinrent tous la même faveur.

Le corps du Roi, avant d'être placé sur le lit de parade, avait été embaumé le 17. Ses entrailles et son cœur, selon l'usage, furent mis à part dans une urne de vermeil.

Les riches tentures qui décorent la salle du Trône étaient restées telles qu'elles le sont ordinairement : seulement, le lit de parade, richement drapé en étoffes d'or et d'argent, décoré d'armoiries et de chiffres brodés, avait remplacé le trône, et était élevé sur une estrade de six degrés. Le poêle de la couronne, en étoffe d'or, parsemé de fleurs de lis brodées en argent, couvrait le lit de parade. Au-dessus, un dais magnifique, duquel pendaient des rideaux également en étoffe d'or, supportait une brillante couronne. En avant du lit, se trouvait une crédence sur laquelle on avait placé une croix entourée de quatre chandeliers d'or. Sur une autre petite crédence, placée un peu plus bas, était un bénitier avec son goupillon. Sur les degrés du lit, à droite et à gauche, figurait un grand nombre de chandeliers d'or, garnis de cierges allumés ; les balustrades étaient drapées en étoffes d'argent. Aux deux extrémités de la salle, on avait dressé deux autels richement ornés. La salle du Conseil était entièrement tendue en noir avec armoiries et écussons.

La couronne royale était placée en avant de la tête du Roi, le sceptre au milieu du corps, et la main de justice à ses pieds. Sur une crédence, en avant du lit, se voyaient le manteau royal et les différens ordres et plaques que portait Sa Majesté.

A la droite du lit se tenait un nombreux clergé, à la tête duquel était Mgr. le grand-aumônier; à la gauche, étaient les grands-officiers de la couronne et de la maison du Roi, à la tête desquels on remarquait M. le prince de Talleyrand et MM. les ducs d'Aumont et de Luxembourg.

Deux hérauts d'armes se tenaient au pied du lit, et deux gardes de la manche à la tête.

Des suisses, en grand costume, gardaient les portes de la salle.

L'avant-corps du pavillon de l'Horloge du château était tendu en noir, ainsi que la façade de ce pavillon, tant du côté du jardin, que du côté de la cour dans toute sa longueur, jusqu'au premier étage. Le grand vestibule, l'escalier et la salle des Maréchaux étaient tendus en drap noir, ainsi que le salon Bleu et le salon de la Paix, dans lesquels il y avait un luminaire.

Telles furent ces dispositions qui durèrent jusqu'au 23 septembre, jour indiqué pour la translation du corps de Sa Majesté Louis XVIII à Saint-Denis.

Quel spectacle imposant présentait ce jour-là la capitale ! Depuis les Tuileries jusqu'à Saint-Denis, une population immense se pressait dans les rues et sur les boulevards, que le cortége devait traverser, et dans la plaine qui s'étend depuis Saint-Ouen jusqu'au village des Vertus. On eût dit que la France entière assistait aux funérailles de son Roi. Mais ce qui ajoutait à cette pompe si solennelle et si touchante, c'étaient la marche longue et silencieuse du convoi, la tristesse morne et le recueillement religieux de ce peuple fidèle accouru de toutes parts pour payer au Monarque qui n'est plus un dernier tribut de respect, de reconnaissance et d'amour. Partout régnait un profond silence, qui n'était interrompu que par le bruit du canon retentissant, par intervalle, en signe de douleur.

Partout la foule se montrait avide de contempler ce char funèbre qui conduisait la dépouille mortelle d'un Prince qui fut grand jusqu'à sa dernière heure. Lorsqu'elle l'avait vu sur un point, elle se précipitait au-devant de sa marche pour le revoir encore :... tant il est vrai qu'un autre sentiment que celui d'une frivole curiosité animait cette population nombreuse, infiniment bonne et religieuse, amie de l'ordre et dévouée à ses Rois !

Immédiatement après l'arrivée de Mgr. le Dauphin aux Tuileries, le corps du Roi fut transporté, de la salle d'Honneur au char funèbre, par huit gardes du corps, précédés des hérauts d'armes : cinq gardes de la manche étaient placés aux côtés, et les *honneurs* furent enlevés.

A onze heures, cent un coups de canon annoncèrent le départ du cortége, du château; le bourdon de Notre-Dame et toutes les cloches de Paris répondirent à ce lugubre signal.

Un détachement de gendarmerie à cheval de la ville de Paris ouvrait la marche : venaient ensuite les états-majors de tous les corps militaires, parmi lesquels figurait l'état-major de la garde nationale. Des officiers portaient les drapeaux funèbres des treize légions, chacune représentée par un de ses bataillons; venaient après les douze Maires de la capitale, les députations de la chambre des Pairs, des Députés, de la cour des Comptes et des tribunaux, des écoles royales militaires, polytechnique, de Saint-Cyr, de Versailles, d'application et du corps royal d'état-major; une compagnie de vétérans de la garde et une compagnie d'invalides; un bataillon pris dans chacun des huit régimens d'infanterie de la garde royale, et une compagnie de sous-officiers sédentaires.

Les détachemens de troupes de toutes armes, qui précédaient et suivaient dans l'ordre indiqué, s'avançaient avec un ensemble admirable et dans la plus belle tenue. Les divers corps de musique, attachés à ces régimens, exécutaient des marches et des airs, analogues à cette douloureuse circonstance.

On remarquait aussi une députation de Forts de la Halle, de Charbonniers et de Mariniers. Cette classe nombreuse de la population parisienne, qui a montré tant de dévouement au Roi et à son auguste Famille, avait vivement réclamé cet honneur qui lui avait été accordé.

Quatorze voitures de deuil, drapées de noir, et bordées d'effilés blancs, portaient, sur le siége et la portière, l'écusson des armes de France : elles étaient attelées de huit chevaux entièrement couverts de housses noires, semées de larmes d'or et d'argent. Un piqueur, à la livrée de chaque maison, était la seule indication qui la fît reconnaître.

La voiture la plus apparente, la dernière de celles qui précédaient le char, était celle où se trouvait Mgr. le Dauphin avec les Princes du sang royal. Elle se distinguait par les panaches noirs placés sur la tête des chevaux, et le nombre des gens de service qui l'environnaient, mais surtout par ce précieux et magnifique écusson, écartelé de fleurs de lis et de dauphins, qu'on n'avait pas vu en France depuis si long-temps.

Les quatre plus anciens maréchaux de France précédaient monseigneur le Dauphin.

Quatre cents pauvres; pour la plupart en cheveux blancs, marchaient de chaque côté; ils étaient vêtus d'une capotte grise, et tenaient à la main un cierge allumé.

Venait, enfin, le char funèbre dont la richesse et la magnificence passent l'idée qu'auront pu s'en former ceux qui ne l'ont pas vu. Son sommet formait une espèce de dais : quatre Génies assis, tenant chacun un flambeau renversé, soutenaient la couronne de France. Ce plafond, garni d'une superbe galerie de velours dentelé, brodé de larges fleurs de lis d'argent, parsemé de larmes d'or et de dauphins, était soutenu par quatre Anges en pieds, tenant une palme dans chaque main, qu'ils semblaient élever au ciel. Les insignes royaux, la couronne, le sceptre, la main de justice et l'épée, étaient placés sur le cercueil, recouvert d'un drap d'or et d'argent, au pied duquel se voyaient le manteau royal, les ordres du Saint-Esprit, de Saint-Louis, de la Légion-d'Honneur, de St.-Lazare et le collier de la Toison-d'Or. Le char, attelé de huit chevaux couverts de housses de velours noir, brodées d'argent et parsemées de fleurs de lis d'argent et de larmes d'or, était précédé du roi d'armes et des hérauts-d'armes, des pages et des écuyers. Les coins du poêle étaient portés par quatre de MM. les aumôniers du Roi, à pied, et quatre gardes de la manche de chaque côté. Derrière le char, se tenaient deux de MM. les capitaines des gardes et le grand écuyer. Sur les ailes et sur les deux lignes, marchaient quarante gardes à pied ordinaires du Roi.

Dans le groupe des officiers-généraux qui suivaient immédiatement le char funèbre, on remarquait un paysan vêtu d'une longue veste et d'un pantalon blanc, le crêpe au bras et au chapeau : c'était le descendant du bon Michaud, le meûnier de Lieursaint, qui donna l'hospitalité à Henri IV. Ce brave homme venait offrir le tribut de sa douleur aux funérailles de son Roi.

Le cortége se terminait par un escadron des gardes du corps du Roi, un escadron de grenadiers à cheval, soixante hommes d'artillerie à pied de la garde royale avec une batterie, un escadron de grosse cavalerie, un demi-escadron de la gendarmerie d'élite, deux détachemens de lanciers et de chasseurs de la garde, et un détachement de la gendarmerie du département.

Les voitures qui devaient ramener Leurs Altesses Royales les Princes du sang, les grands officiers, MM. les aumôniers, le corps municipal et les personnes du cortége, marchaient derrière.

L'ordre de la marche, indiqué par le

programme du cérémonial, était la grille royale du château, les rues de Rivoli et de Castiglionne, la place Vendôme, la rue de la Paix, les Boulevards jusqu'à la porte Saint-Denis, et la rue du Faubourg-Saint-Denis jusqu'à Saint-Denis, où le cortége arriva à deux heures et demie.

Le portail de l'église était tendu de noir, décoré de colonnes funéraires, avec des écussons aux armes et au chiffre du Roi.

La nef, le chœur et le sanctuaire, étaient également décorés de tentures fleurdelisées, ornées d'armoiries peintes et brodées.

A l'entrée du chœur s'élevaient deux colonnes d'ordre ionique, surmontées d'urnes avec des moulures argentées.

Au milieu du chœur, entouré de

stales drapées, s'élevait un catafalque, de forme antique, sur une estrade de dix degrés, surmonté d'un obélisque granit, recouvert du drap mortuaire, orné des armes du Roi relevées en bosse d'or et d'argent, du poêle royal en drap d'or à crépines, enfin, de la couronne : le tout enlacé d'un long crêpe.

Sur les deux côtés, on voyait deux Génies appuyés sur les armes de France.

Au-dessus de ce monument funèbre, d'une grande magnificence, était suspendu, à la voûte, le pavillon royal.

Aux quatre coins du catafalque, étaient suspendues des lampes sépulcrales : il y en avait aussi dans la nef et dans le chœur.

Le maître-autel, surmonté d'un

dais, était couvert des plus beaux ornemens de deuil et d'une grande quantité de flambeaux de vermeil. Dans l'intérieur du sanctuaire, la chapelle Saint-Louis était disposée en chapelle ardente.

C'est-là que les fidèles furent admis à rendre les derniers devoirs aux mânes de Louis XVIII pendant le nombre de jours nécessaires aux préparatifs du grand service d'inhumation.

Cette chapelle était entièrement drapée de deuil, parsemée de fleurs de lis d'or et de larmes d'argent.

Aux deux extrémités étaient élevés deux autels pour le service religieux qu'y firent continuellement MM. les chanoines du chapitre de Saint-Denis, pendant l'intervalle qui s'écoula jusqu'à l'époque de l'inhumation.

A deux heures, M. le grand-maître des cérémonies de France et MM. les aides de cérémonies arrivèrent.

Alors, ils placèrent, à l'extrémité du catafalque, du côté qui faisait face au maître-autel, sur une table recouverte d'un velours violet, semé de fleurs de lis d'or, la couronne, l'épée, la main de justice et le sceptre, recouverts d'un crêpe.

Plus en avant encore, et supporté par un coussin, était étendu le manteau royal qui embrassait plus de huit pieds de large.

A droite, près des marches du maître-autel, et sur la pierre qui s'est levée pour qu'on descende le corps dans le caveau préparé, était tendu un velours noir avec une croix en moiré blanc.

La garde de cette étroite enceinte était confiée à deux gardes du corps. Les gardes faisaient seuls le service de l'intérieur de l'église.

Toutes les lampes et les bougies étaient allumées. Il est impossible de se faire une idée du nombre des lumières et surtout de leur éclat qui rivalisait avec celui du jour.

Le corps fut présenté par le grand aumônier, et reçu par M. le doyen du chapitre, assisté des chanoines et du clergé qui s'était avancé processionnellement vers la porte principale. Le cœur était porté par M. le grand aumônier, et les entrailles par deux gardes du corps. La dépouille mortelle fut déposée d'abord dans le sarcophage.

Mgr. le Dauphin était à la tête du

deuil, suivi de LL. AA. RR. Mgr. le duc d'Orléans et Mgr. le duc de Bourbon.

Arrivés près du sarcophage, les Princes, couverts de longs manteaux de deuil, se sont prosternés, et les vêpres des Morts ont commencé.

Au *Magnificat*, le corps fut retiré du sarcophage, ainsi que l'urne qui contenait le cœur du Roi, et transféré dans la chapelle ardente par huit gardes du corps.

Mgr. le Dauphin, suivi de LL. AA. RR. le prince de Talleyrand, les ducs d'Hâvré, d'Aumont, de Blacas, de Damas, de Guiche, etc., jetèrent l'eau bénite sur le corps, et, après s'être inclinées devant la pierre du caveau, sortirent de l'église dans le même ordre qu'ils avaient observé en y entrant.

Aussitôt LL. AA. RR. montèrent en voiture, dans la cour de l'Abbaye, et se mirent en route pour Saint-Cloud.

La foule s'écoula ensuite en silence, et les prières commencèrent dans la chapelle ardente.

ANECDOTES

SUR

LOUIS XVIII.

ANECDOTES

SUR LOUIS XVIII.

Le duc de Berri (Louis XVI) se complaisait à reconnaître la supériorité des talens de son frère; et, quand on agitait, en sa présence, une question qu'il n'osait résoudre : Il faut la soumettre à mon frère de Provence, disait-il.

Le Roi, n'étant que comte de Provence, entendit raconter qu'un navire avait échoué sur une des îles Bissagos près des côtes de Guinée, et que la vie de sept hommes de l'équipage, tombés au pouvoir des insulaires, était en danger.

Touché de ce récit, le jeune Prince va trouver ses deux frères, leur fait part de ce qu'il vient d'entendre, les attendrit sans peine, et leur persuade de contribuer, par leurs dons, à la délivrance de ces prisonniers. Cet exemple fut imité aussitôt de toute la cour. Deux bâtimens furent équipés, et bientôt les malheureux naufragés, rachetés de l'esclavage, revinrent dans leur patrie bénir le nom de leur auguste libérateur.

Lors du voyage qu'il fit à Marseille, les prud'hommes ou patrons pêcheurs lui donnèrent une fête populaire ; ils lui firent présent d'un habit de pêcheur, en moire d'argent, semblable à celui que leurs ancêtres avaient offert à Louis XIII ; dès qu'il eut mis pied à terre sur la mole, ils l'enlevèrent dans leurs bras et le portèrent dans leur felouque. Le Prince leur ayant demandé si la pêche serait bonne : *Ah! mon Prince*, répondirent-ils, *serian trop hourous de pesca voustre couer.* (Nous serions trop heureux de pêcher votre cœur).

⚜⚜
⚜

A Sorèze, monsieur le comte de Provence visita l'école royale. Il fut reçu au bruit d'une musique militaire; il visita tout et interrogea plusieurs élèves. Il voulut être présent à leur repas. « Allons, mes amis (leur dit-il), » acquittez-vous bien de cet exercice : » vous avez si bien fait tous les autres! » —*Monseigneur*, lui dit un élève âgé de douze ans, nommé Bonneval, *on voit manger les Princes à Versailles, et, à Sorèze, les Princes nous font l'honneur de nous voir manger.* Cette saillie, qui exprimait le bonheur dont sa présence remplissait tous les élèves, fit sourire MONSIEUR ; il embrassa tendrement le jeune Bonneval. « Dans tout mon voyage, rien » ne m'a plus flatté que cette école, » dit-il au directeur.

Le comte de Provence, passant par Avignon, fut reçu à l'hôtel du duc de Crillon. La garde bourgeoise se présenta aussitôt pour faire le service auprès de sa personne. « Un Fils de » France, logé chez un Crillon, dit-il, » n'a pas besoin de gardes. »

Louis XVIII avait une piété sincère, mais sans intolérance. Dans sa jeunesse, il fit un voyage pour visiter les places fortes de nos frontières d'Allemagne. Pendant son séjour à Metz, le Rabbin et les principaux de la synagogue vinrent au-devant de lui avec la Bible écrite sur un rouleau de parchemin, objet de la haute vénération des Hébreux. Le Prince se sentit ému de respect à la vue de ce vieillard à barbe blanche, couvert d'une grande tunique, et portant l'image de la sagesse sur sa face vénérable. De retour à l'hôtel où il logait, il exprima, avec beaucoup de chaleur, l'impression que ce bon vieillard avait faite sur lui : un courtisan en témoigna sa surprise au Prince. — « Juif ou chrétien, que m'im-» porte ! dit Son Altesse royale : je

» rends hommage à la vertu partout
» où elle se trouve. »

Louis XVI avait destiné à MONSIEUR une habitation digne de sa naissance, le palais du Luxembourg. Mais, soit à Brunoy, soit au Luxembourg, soit à Versailles, MONSIEUR menait habituellement une vie sédentaire, au sein des sciences, des arts et des lettres. Il passait régulièrement quelques heures de la matinée dans son cabinet, occupé à lire les meilleurs auteurs, méditant les écrivains les plus célèbres qui ont traité de l'art si difficile de rendre les peuples heureux par un bon système de gouvernement, et composant des notes sur les événemens passés et présens. Cependant ce Prince montrait à la cour une grande réserve, se plaisait à réunir auprès de lui des littérateurs, des savans, des artistes, et s'entretenait avec eux. Il se déclara le protecteur à perpétuité d'une espèce d'académie, appelée *le Musée*, dont le physicien Pilatre du Rosier était le fondateur, et qui n'aurait pu se soutenir, après la fin tragique de cet aéronaute imprudent, nouvel Icare. MONSIEUR, après en avoir acheté la propriété aux héritiers, satisfit les créanciers, et paya le cabinet de physique estimé cinquante mille francs. Bientôt, grâce à sa munificence, on vit le Musée revivre avec éclat, et devenir, sous le nom de *Lycée*, un célèbre établissement littéraire.

⚜

Le Luxembourg, résidence du comte de Provence avant et pendant le commencement de la révolution, était l'asile des littérateurs malheureux. S. A. R. MONSIEUR aimait beaucoup à soulager les hommes de lettres. Parmi la foule qui obstruait le portique de ce palais de bienfaisance, Morel, auteur de *la Caravane*, de *Panurge*, etc., homme très-vain, et qui avait la manie d'entretenir le public de son auguste protecteur, parlait partout des bontés qu'avait pour lui et ses confrères MONSIEUR, frère du Roi, se vantant que ce Prince l'admettait dans sa plus secrète intimité. Le comte de Provence, informé de la jactance de ce poëte peu lyrique, lui fit des reproches amers sur son inconséquence, en ajoutant : « Vous avez diablement de

» péchés poétiques sur la conscience ;
» le public est capable de me croire
» un de vos complices : il n'y a pas
» d'acte assez méritoire, pour effacer
» un péché aussi énorme que celui
» d'être le père putatif d'une *Cara-*
» *vane* ou d'un *Panurge*. »

Ce Prince donna une nouvelle preuve de la protection qu'il accordait aux lettres, en attachant à sa personne, comme secrétaire, le poëte Ducis, qui a su transporter dans notre langue une partie des beautés du tragique anglais Shakespéare. MONSIEUR se complaisait à être le confident de ses ouvrages, lui donnait des conseils, prenait part au succès de ses pièces, et concourut à son élévation au fauteuil académique. On assurait aussi dans le monde que MONSIEUR contribuait, pour la meilleure part, aux opéras lyriques de son intendant Morel, joués avec un succès qui se soutient encore.

Un jour de grande chasse, qui devait avoir lieu dans la forêt de Compiègne, on avait placé les Enfans de France dans une voiture découverte, pour suivre les chasseurs. Le comte de Provence était assis à côté du duc de Berry (Louis XVI). Arrivé auprès d'un champ nouvellement défriché, le cocher voulait traverser pour abréger la route; le comte de Provence s'y opposa avec énergie : « Il ne faut » pas (dit-il), pour hâter nos jouis- » sances, fouler aux pieds la sueur » des malheureux! »

Lors de la célébration du mariage de Monsieur, à Versailles, Mgr. le comte d'Artois lui dit, le lendemain, d'une manière pleine de grâce : *Monsieur mon frère, vous aviez la voix bien forte hier ; vous avez prononcé bien fort votre OUI?* — « C'est » (répliqua l'auguste époux) que j'au- » rais voulu qu'il eût été entendu jus- » qu'à Turin. »

⚜⚜
⚜

Aux noces de Monsieur et madame de Provence, le poëte Morel présenta au Prince un épithalame commençant par ces mots : *Protecteur du génie!...* Le Prince l'arrêta incontinent : « Ne » mentez pas (dit-il) ; je veux bien vous » protéger ; mais il n'est pas dit pour » cela que vous ayez du génie. »

⚜⚜
⚜

Monsieur, étant encore fort jeune, avait déjà beaucoup d'embonpoint. Un de ses valets de chambre (remarquable par sa maigreur), M. de S***, se permettait quelquefois de le désigner familièrement sous le nom du *Gros Monsieur*. Le Prince l'apprit; mais trop bon et, surtout, trop juste pour mettre en balance un propos inconvenant avec une rare fidélité et de longs services, il le fit appeler et, seul avec lui, il lui dit : « De S***, j'ai beau » vous faire du bien, vous n'engraissez pas : je veux vous en faire tant, » qu'à votre tour on vous appellera » *Gros Monsieur;* mais dorénavant, » j'entends que vous gardiez cette épithète pour vous seul. »

⚜⚜
⚜

Vers Pâques, Louis XVI, craignant de ne pouvoir pas remplir à Paris, avec la liberté convenable, les exercices de la religion auxquels il se consacrait dans la semaine sainte, prit la résolution d'aller s'y préparer à Saint-Cloud. Au moment où il montait en voiture pour s'y rendre (le 18 avril 1791), une populace mutinée ferma les portes du château des Tuileries. Pendant deux heures le Roi et la Reine restèrent exposés aux outrages de cette troupe menaçante. Contraints de renoncer au voyage de Saint-Cloud, ils rentrèrent dans les appartemens : MONSIEUR y était accouru avec l'empressement de l'inquiétude. Voyant le Roi son frère fortement ému de la scène qui venait de se passer, il lui serra tendrement la main, et, avec une voix pénétrée, il laissa échapper ces mots du poëte philosophe : *Beatus ille qui procul negotiis* (1) !

⚜⚜
⚜

Tout en avouant le besoin de certaines réformes, MONSIEUR redoutait les innovations imprudentes. Un membre du bureau qu'il présidait à l'assemblée des notables, imbu des principes révolutionnaires, ayant, en sa présence, cité avec emphase ce vers de la tragédie de Strafort (2) :

« La couronne a ses droits, mais le peuple a les siens, »

le prince répondit sur-le-champ par cet autre vers de la même tragédie :

« Renverser un État n'est pas le réformer. »

---

(1) Heureux qui vit loin des affaires !

(2) De M. le comte de Lalli-Tolendal, aujourd'hui Pair de France.

En 1789, MONSIEUR ayant témoigné le désir d'assister à l'une des premières séances de l'assemblée des notables, qui se tenait à l'Hôtel-de-Ville, Bailli, qui en était alors le président, fit préparer une place d'honneur pour recevoir le frère du Roi. Quand MONSIEUR apprit ces préparatifs, il en témoigna de l'humeur et dit : « Au milieu des no-» tables de la nation, toute place est » une place d'honneur. »

MONSIEUR et MADAME se préparaient à suivre les Princesses leurs tantes, et à quitter la France. Aussitôt des attroupemens se formèrent par impulsion, et vinrent investir le palais du Luxembourg, résidence de MONSIEUR. La foule du peuple veut pénétrer dans ses appartemens, pour lui demander s'il est vrai qu'il pense à quitter le royaume. MONSIEUR n'attend pas que les portes de son palais soient forcées : il charge le comte Charles de Damas de les faire ouvrir; mais de ne laisser entrer que les femmes. Elles se présentent en grand nombre, sous le costume de dames de la Halle. Il était facile de reconnaître que la plupart avaient pris ce même déguisement qui avait couvert les plus grands excès, pendant l'attentat du 6 octobre. L'une d'elles aborde MONSIEUR, lui dit qu'on assurait partout qu'il voulait quitter Paris; qu'elle et ses compagnes le priaient de n'en rien faire; et que, s'il avait quelques inquiétudes, tout Paris et elles-mêmes s'offraient de venir monter la garde au Luxembourg. « Je ne vois,

» dans votre démarche, répond MONSIEUR, qu'une preuve d'intérêt à laquelle je suis très-sensible ; je n'ai » aucune inquiétude ; je ne songe nullement à quitter Paris ; jamais je ne » me séparerai du Roi. »

Cette réponse ne satisfit que le petit groupe de femmes qui se pressaient autour de celle qui avait porté la parole. *Mais si le Roi nous quittait* (reprit une autre en s'approchant du Prince), *vous nous resteriez, n'est-ce pas ?* La question était embarrassante. Se rappelant un trait du cardinal de Retz, et regardant fixement la personne qui venait de l'interpeller, MONSIEUR lui dit en souriant et en haussant les épaules : « Pour une femme d'esprit, vous me » faites-là une question bien bête. » Et toutes, éclatant de rire, embrassent

MONSIEUR, et se retirent contentes. Leur mission était à-peu-près remplie ; car ceux qui les faisaient agir n'avaient d'autre intention que d'accoutumer le peuple à ne plus respecter le palais des rois.

Louis XVIII, alors MONSIEUR, dans son discours adressé à Louis XVI pour la clôture de l'assemblée des notables en 1788, se félicita d'être le premier gentilhomme du Royaume : ce qui lui procurait l'avantage, disait-il, d'être auprès du Roi l'organe de la noblesse.

Lorsqu'en 1787, Louis XVI eut exilé le Parlement, MONSIEUR, chargé d'aller faire enregistrer les édits à la cour des

Comptes, pouvait à peine se faire jour à travers la foule qui obstruait son passage ; il mit la tête à la portière, et cria à son cocher qui voulait hâter le pas : « Surtout, prenez bien garde de bles- » ser personne ! »

La reine Marie-Antoinette, ayant averti MONSIEUR que Louis XVI avait fixé son départ de Paris pour la nuit du 20 au 21, le prévint qu'il n'avait qu'à prendre ses mesures pour effectuer le sien de son côté, et lui fit voir, en même temps, la protestation que le Roi voulait laisser aux Tuileries, en partant : MONSIEUR y ajouta la sienne contre tous les actes émanés du Roi, pendant sa captivité ; il retoucha même, sous le rapport du style, la protestation de son frère, de sorte qu'il fut le véritable rédacteur de ces deux pièces.

La veille du jour du départ, madame Élisabeth, l'ayant tiré à l'écart, aux Tuileries, lui dit : *Mon frère, nous avons de la religion ; permettez-moi de vous donner cette image; elle vous portera bonheur.* MONSIEUR, l'ayant acceptée, alla voir la Reine qui lui dit ces paroles touchantes en l'embrassant : *Prenez garde de m'attendrir, car il ne faut pas qu'on voie que j'ai pleuré.* MONSIEUR rentra au Luxembourg dans une anxiété qu'il s'efforça de dissimuler surtout devant M. de Bonneuil, son premier valet de chambre, qu'il n'avait pas jugé devoir mettre dans sa confidence.

Ce premier valet de chambre avait son lit, qu'on dressait tous les soirs, au pied de celui du Prince; il refermait lui-même les rideaux, après avoir aidé Monsieur à se déshabiller; puis, passant dans un cabinet voisin pour ôter ses vêtemens, il revenait bientôt se mettre à son poste. Ce fut ce moment que saisit Monsieur; et, sans faire de bruit, ni rien déranger, il allume une bougie, prend ses habits à la main, s'esquive par une porte secrète, et va rejoindre le comte d'Avaray qui l'attendait dans ses petits appartemens. Là, il se rend méconnaissable en se peignant les sourcils, emporte ses diamans, met trois cents louis dans sa poche, sort par une des cours, seulement escorté par deux valets, Soyer et Péronnet, et gagne une voiture apostée. Arrivé près de l'hôtel de la Monnaie, il y trouve une chaise de poste toute prête, il s'y jette avec le comte d'Avaray : tous deux sous les noms de *Michel* et de *David Foster*, ayant soin de contrefaire partout l'accent anglais, prennent la route de Soissons. Tout-à-coup MONSIEUR se rappelle l'image que lui a donnée madame Élisabeth : il y tient par un sentiment de tendresse et de religion ; il lui attribue l'heureux commencement de son évasion ; il fouille dans ses poches, il ne la trouve pas : l'inquiétude s'empare de son esprit, quand le comte d'Avaray, ouvrant son porte-manteau, aperçoit l'image, sans pouvoir s'expliquer quand, comment et pourquoi elle y a été mise. Enfin, MONSIEUR est rassuré et fortifié par cette découverte, et tous deux arrivent à Soissons.

Tandis que le Prince courait en poste

vers les frontières du Nord, le marquis de Lafayette quittait les Tuileries où le départ de Louis XVI venait de mettre les esprits en rumeur ; il se rend au Luxembourg, sur le bruit qui se répandait également de l'évasion de Monsieur; accompagné d'un aide-de-camp et de quelques gardes nationaux, il veut entrer tout de suite dans l'appartement du Prince : *Chut ! chut !* (dit de Bonneuil à l'huissier qui ouvrait la porte), *Monsieur n'a point appelé, il dort encore.* L'huissier objecta qu'on venait de la part de l'Assemblée nationale. De Bonneuil court affirmer à M. de Lafayette et à son escorte que Monsieur dort encore : les gardes nationaux veulent s'en assurer; alors, le premier valet de chambre, entrant avec eux dans la chambre, entr'ouvre les rideaux du lit; et chacun demeure frappé d'un étonnement qu'il serait difficile de décrire, en voyant le lit vacant.

En quittant Paris, avec son fidèle compagnon le comte d'Avaray, MONSIEUR n'avait point encore dépassé Maubeuge, place frontière qui pouvait être pour eux l'écueil le plus à craindre, que le postillon d'Avesne se refusa obstinément à tourner les remparts de cette place: instances, prières, menaces, promesses, rien ne pouvait le décider à passer outre. Enfin, le comte d'Avaray lui offrit un, deux et jusqu'à trois louis, s'il voulait éviter Maubeuge. Le postillon, ainsi aiguillonné, passa à travers champs, à cent pas d'une ville de guerre où ils avaient la certitude que leur chaise serait arrêtée et visitée.

A peine MONSIEUR se vit-il à peu près hors de danger, qu'il récita les vers lyriques qui commencent ainsi :

Vains ornemens d'une indigne mollesse ! etc.

et il arracha de son chapeau la cocarde tricolore, priant le comte d'Avaray de la conserver avec soin, à l'exemple de Christophe Colomb qui voulut conserver ses chaînes.

Quand MONSIEUR partit du Luxembourg pour se réfugier à Bruxelles, à peine avait-il fait quelques lieues, qu'il s'aperçut que le comte d'Avaray crachait le sang. Cette découverte causa à MONSIEUR la plus vive affliction ;

il ne doutait pas que cet accident de son fidèle compagnon ne provînt des soins et de l'agitation qu'il s'était donnés pour favoriser sa fuite. Vainement le comte d'Avaray cherchait à déguiser son mal : MONSIEUR manifestait une inquiétude mortelle. Chaque fois qu'il voyait son ami cracher dans son mouchoir, il examinait les crachats avec le plus tendre intérêt; enfin, au bout de quelques heures, M. le comte d'Avaray, ayant craché blanc, MONSIEUR, levant les yeux et les mains vers le ciel avec un transport et une expression admirable, s'écria : « d'A- » varay, vous êtes sauvé (1) ! »

---

(1) Cette circonstance est racontée par le Roi lui-même, dans *la Relation de son voyage à Bruxelles*, avec des mots qui commandent les larmes.

MONSIEUR, dans ce même voyage à Bruxelles, se rendant de Namur à Luxembourg, toujours accompagné du duc d'Avaray, fut obligé de s'arrêter à un petit endroit qu'on appelle *Nattoye* : là, il entra dans une chaumière pour se reposer, sur l'invitation que lui en fit la maîtresse. Touché des soins que cette brave femme lui prodiguait, et surtout des mauvais traitemens qu'elle lui raconta avoir soufferts de la part des troupes républicaines, il la consola en se faisant connaître à elle. *Vous êtes le frère de mon Roi !* s'écria avec attendrissement cette femme : *ah ! si j'osais vous toucher !* — « Faites mieux, ma » bonne (lui répondit MONSIEUR) : » embrassez-moi. »

Monsieur étant arrivé à Bruxelles, M. le comte d'Artois s'empressa de rejoindre son auguste frère, qui le reçut avec le plus touchant empressement : « C'est le fils le plus tendre que je re-» trouve en lui ! » s'écria Monsieur, dans l'effusion de son âme.

Le premier mouvement de Louis XVIII, en apercevant Madame qui venait à Mittau, pour s'unir à Mgr. le duc d'Angoulême, fut de la conduire auprès de l'homme inspiré qui avait dit à Louis XVI ces paroles sublimes : *Fils de Saint-Louis, montez au ciel !* . . . . Des larmes coulaient de tous les yeux ; le silence était universel. . . . . . . A ce pieux et premier mouvement de la reconnaissance, un second succéda. Le Roi conduisit MADAME au milieu de ses gardes...... « Voilà, lui dit-il, les fidèles gardes de ceux que nous pleurons : leur âge, leurs blessures et leurs sanglots vous disent tout ce que je voudrais exprimer.... » Il se retourna ensuite vers toutes les personnes de distinction qui l'entouraient, en disant : « Enfin, elle est à nous ; nous ne la quitterons plus ; nous ne sommes plus étrangers au bonheur. »

Le Roi, forcé de quitter sa retraite de Mittau, qui lui avait été offerte par le czar, sentit son noble cœur lui faillir, lorsqu'il fallut se séparer de MADAME ; il ne put retenir ses larmes. Il dit à M. de Montlezun, en lui serrant la main : « Mon ami, quand on a le cœur pur, c'est au dernier terme de l'adversité qu'un Français doit redoubler de courage. » Puis, s'adressant aux autres gardes : « Messieurs, leur dit-il, si mon courage m'abandonnait, ce serait chez vous que j'irais en reprendre et me retremper. »

Étant à Dillinged, petite ville située près du Danube, le Roi, fatigué de la chaleur du jour et du travail de la journée, s'était mis à sa fenêtre pour respirer la fraîcheur du soir. Sa tête était éclairée par la lumière de deux flambeaux posés derrière lui. Il était à peine resté un quart-d'heure dans cette situation, qu'un scélérat, caché sous une arcade opposée, dirigea sur lui un coup de carabine : la balle l'atteint à la sommité du front, et va frapper le plancher. Le comte d'Avaray, les ducs de Fleury et de Grammont accourent, épouvantés. Le Roi, debout, leur dit avec le plus grand calme : « Rassurez-vous, mes amis : ce n'est rien. Le coup a porté à la tête ; mais il ne m'a pas renversé. » — *Ah! Sire*, s'écrie le comte d'Avaray, *si le misérable eût frappé une demi-ligne plus bas!* — « Eh bien! » reprit le Roi, avec le plus admirable sang-froid, « le roi de France se serait appelé CHARLES X! »

Le marquis de Carlotti, noble véronais, étant allé signifier au Roi, de la part du sénat de Venise, que l'asile qui lui avait été donné lui était retiré, et qu'il eût à sortir des états de la République dans le plus court délai ; à cette notification, qui lui était faite directement, sans qu'aucun avis l'en eût prévenu, sans qu'aucun intermédiaire l'y eût préparé, le Roi répondit :

« Je partirai, mais j'exige deux conditions : la première, qu'on me présente le livre d'or où ma famille est inscrite, afin que j'en raye le nom de ma main ; la seconde, qu'on me rende l'armure dont l'amitié de mon aïeul Henri IV a fait présent à la République. »

Le noble vénitien Pringli, Podestat de Vérone, ayant protesté contre cette belle réponse, renvoya, le lendemain, le marquis de Carlotti porter au Roi sa protestation.

»J'ai répondu hier, dit Louis XVIII, à ce que vous m'avez déclaré au nom de votre gouvernement. Vous m'apportez aujourd'hui une protestation au nom du Podestat; je ne la reçois pas: je ne recevrai pas davantage celle du Sénat. J'ai dit que je partirai: je partirai, en effet, dès que j'aurai reçu le passe-port que j'ai envoyé chercher à Venise; mais je persiste dans ma réponse; je me la devais, et je n'oublie pas que je suis le roi de France.»

Louis XVIII, s'étant rendu à l'armée de Condé, dit à ce Prince en l'abordant : « Ce n'est point le roi de France qui vient commander son armée, c'est le premier gentilhomme du royaume qui vient servir sous les ordres du digne descendant du grand Condé. »

Lorsque le Roi recevait les bulletins de notre armée d'Austerlitz, d'Iéna, de la Moskowa, il les lisait toujours avec empressement, et ajoutait : « Ce sont toujours mes enfans, les dignes soldats d'Henri IV. »

Quand il apprit le funeste attentat du 21 janvier 1793, il resta quelques minutes anéanti dans une profonde douleur, puis il s'écria avec véhémence :

« Toutes les ondes de l'Océan n'efface-ront point cette tache abominable ! »

Le Roi abrégeait les longues heures passées sur les terres étrangères, en lisant les auteurs de l'ancienne Rome, et surtout Horace, qu'il aimait de prédilection et qu'il savait par cœur : on dit même que quelques-unes de ces heures furent employées à faire passer dans notre langue les plus beaux morceaux de ce poëte. Un jour qu'un de ses serviteurs lui vantait sa patience et son courage à supporter l'exil : « Que voulez-vous ? « lui dit le Prince en lui montrant un volume qu'il lisait : « Voilà celui qui adoucit mes souffrances ! » C'était Horace.

La ville de Blankenbourg, dans le duché de Brunswick, à trois lieues de Halberstadt, que le Roi s'était décidé à habiter, après l'attentat commis sur sa personne à Dillinged, est bâtie dans un pays montagneux et froid. Les campagnes au nord de la ville donnent seules des graines; mais le reste du pays ne produit que des forêts et des mines de fer terreuses. On voit encore, au-dessus de la ville qui comptait à peine, à cette époque, trois mille habitans, un vieux, château fortifié, situé sur un roc élevé : c'est là que Louis XVIII vécut tout-à-fait en simple particulier. La manière dont il était logé à Blankenbourg mérite quelques détails. Il occupait trois pièces au second étage, dans une maison de très-médiocre apparence, appartenant à un brasseur qui logeait au premier. La pièce du milieu de ce logement servait de salon et de salle à manger ; c'était dans une des chambres latérales que couchait le Roi : on y avait pratiqué un petit cabinet au moyen d'une cloison. L'autre pièce était occupée par le duc de Grammont, capitaine des gardes-du-corps ; elle servait de supplément au salon et à la salle à manger. C'était aussi dans cette troisième pièce que la messe était célébrée : le Roi y assistait tous les jours.

La société habituelle de Louis XVIII se composait de ses deux neveux, les ducs d'Angoulême et de Berri ; du duc de Grammont et du comte d'Avaray, capitaine de ses gardes ; des ducs de Villequier et de Fleury, premiers gentilshommes de la chambre ; du comte de Cossé, capitaine des cent-Suisses ;

du marquis de Jaucourt, du comte de la Chapelle et du duc de la Vauguyon. Le maréchal de Castries, qui habitait alors Wolfenbutel, venait de temps en temps faire sa cour au Roi.

Le genre de vie que menait le Roi était réglé et uniforme : on se rassemblait chez lui à dix heures pour déjeûner; à onze heures, on entendait la messe, et chacun se retirait alors après un quart-d'heure de conversation avec le Roi. On revenait à deux heures, pour l'accompagner à une promenade à pied, qui durait jusqu'à quatre heures : c'était l'heure de son dîner, après lequel il regardait jouer au trictrac ou aux échecs. Avant huit heures, le Roi congédiait sa cour, qui se rassemblait de nouveau à dix heures. La comtesse de Marsan, ancienne gouvernante du

Roi, que son attachement à sa personne fixa dans le lieu qu'il habitait, venait alors dans le salon, ainsi que la princesse Charles de Rohan, sa nièce. Le Roi faisait une partie de whist avec elle et deux autres personnes de son choix. Entre minuit et une heure, la partie était finie; le Roi souhaitait le bonsoir à toute sa cour, et chacun se retirait.

Le Roi, étant à Hartwel, n'avait jamais douté des vues de la Providence sur lui. Toujours aimable dans ses entretiens, toujours occupé de sa chère France, il disait gaiement : « Je suis aux aguets d'un moment qui viendra tôt ou tard. »

Lorsque l'Angleterre capitula avec le premier consul de France, et que la paix signée à Amiens fit taire l'Europe en présence de son vainqueur, le sort des Bourbons semblait décidé. Buonaparte, se disposant à placer la couronne sur son front, et voulant *se la légitimer*, s'adressa au Roi lui-même, et chargea ses envoyés de lui faire les offres les plus séduisantes, s'il consentait à renoncer au sceptre de ses aïeux: il se servit de l'intervention du comte Haugwits, ministre du roi de Prusse. L'envoyé prussien se présente le 26 février 1803, et remet au Roi la lettre du conquérant corse. Le surlendemain, le Roi lui fit tenir cette sublime réponse, connue de toute l'Europe :

« J'ignore quels sont les desseins de Dieu sur ma race et sur moi; mais je connais les obligations qu'il m'a imposées par le rang où il lui a plu de me faire naître. Chrétien, je remplirai mes obligations jusqu'à mon dernier soupir ; fils de Saint-Louis, je saurai, à son exemple, me respecter jusque dans les fers ; successeur de François Ier, je veux du moins dire comme lui : *Nous avons tout perdu, fors l'honneur.* »

Le jour mémorable de son entrée dans Paris, Louis XVIII dit à MM. les membres du clergé de Notre-Dame : *Hæc dies quam fecit Dominus* (1).

---

(1) Voici la journée que Dieu a faite.

Lors de son retour en France en 1814, Louis XVIII, passant par Compiègne, y séjourna vingt-quatre heures (1). Il donna un dîner où se trouvaient madame la duchesse d'Angoulême, M. le prince de Condé, M. le duc de Bourbon. MM. les maréchaux de France (qui étaient venus à Compiègne pour le complimenter) furent invités avec des généraux; les gentilshommes de service auprès de sa personne, les dames de madame la duchesse d'Angoulême, madame de Montboissier, fille de M. de Malesherbes et d'autres personnes de distinction furent également invités par ordre de Sa Majesté. La foule était si grande dans le salon, que l'on pouvait à peine servir. Au milieu du

(1) Le 29 avril.

dîner, le Roi prit un verre, et, l'ayant rempli de vin de Bordeaux, il dit à MM. les maréchaux et généraux: «Messieurs, buvons à l'armée!» Après le dîner, Sa Majesté retourna dans le salon. Tout le monde voulait se tenir debout, le Roi fit asseoir MM. les maréchaux et généraux à sa droite; et, joignant l'esprit le plus remarquable à la mémoire la plus étonnante, il donna des preuves de ses rares qualités en s'entretenant familièrement avec les personnes qui l'environnaient. Voyant marcher avec difficulté le maréchal Lefèvre, un peu tourmenté par la goutte, il lui dit: «Eh bien! maréchal, est-ce que vous êtes des nôtres?» Il dit au maréchal Mortier: «M. le maréchal, lorsque nous n'étions pas amis, vous avez eu pour la Reine, ma femme, des égards qu'elle ne m'a pas laissé ignorer, et je m'en souviens aujourd'hui.» S'adressant au maréchal Marmont : « Vous avez été blessé en Espagne, lui dit-il, et vous avez pensé perdre un bras? » — *Oui, Sire*, répondit le maréchal, *mais je l'ai retrouvé pour le service de Votre Majesté*. Les maréchaux Magdonald, Moncey, Serrurier, et le prince de Neufchâtel, tous les généraux, toutes les personnes présentes, obtinrent pareillement du Roi les paroles les plus affectueuses.

Le Roi, sans armée, pouvait dire, comme on l'a dit d'Henri IV, *qu'il régnait sur la France*

Et par droit de conquête et par droit de naissance.

Le premier mouvement de Louis XVIII, en entrant aux Tuileries, le 3 mai 1814, fut de se jeter à genoux, et de s'écrier, au milieu des courtisans qui le saluaient de toutes parts : « O mon frère! que n'avez-vous vu cette journée....? vous en étiez plus digne que moi! »

Le vieux maréchal Moncey, nommé commandant de la garde nationale par Buonaparte, quelque temps avant sa chute, fut présenté, à Saint-Ouen, à Sa Majesté qui le combla d'amitié, et lui dit, entre autres paroles obligeantes : « Je sais, monsieur le maréchal, tout le bien que vous avez fait et tout le mal que vous avez empêché. »

Ducis, un des quarante de l'Académie française (alors Institut), ayant été présenté au Roi, le 13 mai 1814, dit à Sa Majesté : « *J'espère, Sire, que vous n'avez pas oublié l'un de vos plus anciens serviteurs, autrefois secrétaire de S. A. R.* MONSIEUR. —« Voici une preuve que je m'en souviens très-bien, » répondit le Roi à l'auteur d'Othello ; et tout de suite, avec un sentiment et une grâce inexprimables, Sa Majesté récita, devant le vieux Ducis, les vers suivans d'*OEdipe chez Admète* :

Oui, tu seras un jour, chez la race nouvelle,
De l'amour filial le plus parfait modèle ;
Tant qu'il existera des pères malheureux,
Ton nom consolateur sera sacré pour eux.

Quelque temps après, Ducis reçut la décoration de la Légion-d'Honneur, qu'il n'avait jamais voulu accepter sous Buonaparte.

⚜⚜
⚜

En 1815, après l'expulsion de Buonaparte, lorsque Louis XVIII fut à jamais affermi sur le trône de France, son trône légitime, le vicomte de B*** s'empressa de quitter sa province, et vint à Paris pour solliciter une faveur du Roi. Il présenta lui-même sa pétition à Sa Majesté, en présence d'une nombreuse et éminente assemblée : le Roi, y ayant jeté les yeux, parut d'abord surpris; mais, par un effet de son admirable bonté, il se contenta de dire au vicomte de B*** : « M. le Vicomte, vous vous êtes sûrement trompé; » et il lui remit sa pétition, qui était adressée à Buonaparte. Le

*.

vicomte de B***, qui en effet s'était trompé, se retira confus.

On se rappelle douloureusement le déplorable événement du 13 février 1820. On sait combien fut grande l'affliction du Roi. Les Princes faisaient leurs efforts pour l'écarter du lit de mort de l'infortuné duc de Berri : « Laissez-moi, » s'écriait le Monarque désolé ; « je ne crains pas le spectacle de la mort ; mais j'ai un dernier devoir à rendre à mon fils. » Appuyé sur le bras de M. Dupuytren, il s'approcha du lit, ferma les yeux et la bouche du duc de Berri, lui baisa la main, et se retira sans pouvoir proférer une parole.

Une des plus belles réponses qu'on cite de Louis XVIII est celle qu'il adressa le 13 mai 1814 au matin, dans le château de Compiègne, à M. le prince maréchal de Neufchâtel, qui venait pour le haranguer.

» C'est sur vous, messieurs les maréchaux de France, que je veux toujours m'appuyer. Approchez, et écoutez-moi. Vous avez toujours été bons Français : j'espère que la France n'aura plus besoin de votre épée. Si jamaïs, ce que Dieu ne veuille, on nous forçait à la tirer, tout goutteux que je suis, je marcherais avec vous. »

Le Roi, voyant jeter des lis sur le passage de S. A. R. MADAME, s'écriait avec enthousiasme :

Manibus date lilia plenis! (1)

Pendant que Louis XVIII habitait Hartwel, il eut souvent occasion de s'entretenir avec le maître de poste de ce petit bourg. En 1816, le fils de ce maître de poste vint à Paris : il voulut voir le Roi. Confondu dans la foule qui se pressait sur le passage du Monarque bien aimé, il fut aperçu du Prince, qui le reconnut aussitôt. « Ah! c'est vous, » dit le Roi au fils de son ancien voisin d'exil, avec cette grâce enchanteresse qu'il mettait à ses moindres mots, « ne

(1) Ah ! jetez-lui des lis à pleines mains.

vous cachez pas tant; croyez-vous que j'oublie mes amis ? Venez me voir demain. » En effet, le lendemain, le fils du maître de poste fut admis dans le cabinet de Sa Majesté, qui le combla de caresses. L'étranger sortit ému jusqu'aux larmes.

Louis XVIII savait admirablement employer la louange fine et délicate. M. Roger, venant d'être nommé académicien, alla remercier Sa Majesté d'avoir bien voulu approuver sa nomination. Le Roi lui dit : « Pour plaider votre cause devant l'Académie Française, vons avez eu un excellent *avocat* (1). »

(1) *L'Avocat*, jolie comédie de M. Roger.

L'abbé Leduc, fils naturel de Louis XV et de mademoiselle Tiercelin, était à Sainte-Pélagie, à la première restauration. Le Roi l'apprend par un de ses ministres et lui dit : « Faites sortir l'Abbé, et payez-lui ses dettes : il ne faut pas qu'il soit dit qu'un Bourbon, même du côté gauche, manque à sa parole. »

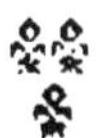

Personne n'ignore que ce fut le général Vallein qui, le premier, commença les hostilités en Espagne. Après cette glorieuse campagne, il fut présenté au Roi, qui lui dit : « Général, votre coup de canon retentit encore. »

« Est-ce à mon âge, » répétait souvent Louis XVIII, « avec un corps souffrant comme le mien, que je puis aimer le trône ? C'est pour mes neveux que je travaille : je suis là pour eux, je veux guérir les blessures de la malheureuse France. Oh! puissent mes successeurs apprendre de moi à rendre les Français aussi heureux, qu'ils ont été infortunés! »

Buonaparte débarqua à Cannes en 1815 avec une poignée d'hommes qui, quoique servant ses ambitieux desseins, furent beaucoup moins criminels que les traîtres de l'intérieur, puisqu'ils n'avaient pas voulu se délier du serment qu'ils avaient prêté; mais ce débarquement, si funeste par les circonstances qui l'ont suivi, n'aurait été qu'une véritable équipée qui aurait perdu son auteur, si les chefs des troupes, qui avaient prêté serment de fidélité au Roi, n'eussent pas trahi leur foi.

Le Roi et la Famille royale ne furent prévenus que le 19 au soir de l'imminence du danger et de la nécessité de s'y soustraire.

Cette auguste et malheureuse Famille, rappelée sur le trône par la majorité des Français, fut forcée, par une audacieuse faction, de fuir de nouveau, et de sortir du territoire. Enfin, à une heure après minuit, le Roi monta en voiture et partit, suivi de la majorité de sa maison. Ceux qui étaient auprès de lui dans ce moment douloureux, la garde nationale qui faisait le service au château, se rappelleront à jamais combien fut touchante cette triste séparation. « Adieu! mes enfans (leur dit le Roi), adieu......! Mais je reviendrai....... Oui, je reviendrai bientôt. »

Beaucoup de personnes le suivirent jusqu'à Saint-Denis. Là, hors d'haleine, accablés de fatigue, inondés de pleurs, il fallut se séparer.......

Tout le monde sait que Louis XVIII, homme privé, eût brillé par les grâces et la finesse de l'esprit. On cite de lui une foule de saillies heureuses et de jolis mots qui auraient fait fortune dans les salons du dix-huitième siècle.

Le prince de G*** venait de faire sa paix avec madame ***, sa femme, qui était attendue, de jour en jour, à

Paris. Un dimanche, au milieu d'un cercle brillant de grands dignitaires, le Roi s'approche de M. de G*** : « Eh bien ! dit Sa Majesté, est-il vrai que votre femme revienne ?» Le Prince inclina la tête en signe d'affirmation. « Il paraît, reprit le Roi, que vous aurez aussi votre 20 *mars*. »

Louis XVIII était doué d'une mémoire surprenante. Lorsque M. l'abbé de Lafage lui fut présenté (en 1814), le Roi le reconnut sur-le-champ. M. l'abbé crut devoir rappeler au Roi qu'il avait eu l'honneur de prêcher devant lui, à Versailles. « Je m'en souviens très-bien, dit Sa Majesté : c'était aux carêmes de 1779 et 1790 ; »

et elle daigna s'entretenir quelque temps avec ce respectable ecclésiastique.

Louis XVIII, étant allé visiter l'École royale militaire de Saint-Cyr, se montra fort satisfait de la tenue et du bon esprit de ces jeunes élèves, espoir de la gloire française : « Mes enfans, » leur dit-il, « rappelez-vous que chacun de vous a un bâton de maréchal dans sa giberne. »

Vers la fin de sa vie, dans le moment où les Princes et la Famille royale récitaient, auprès de sa couche funèbre, les prières des agonisans, le Roi se réveilla, et son confesseur lui annonça la pieuse occupation de tous les assistans : « Je ne croyais pas qu'il fût temps encore (dit le Roi, d'une voix un peu plus forte) ; mais dites toujours, je vous suivrai. »

En 1823, le Roi alla visiter l'hôtel royal des Invalides. Il fut reçu à la porte par le commandant de l'hôtel, entouré de l'état-major. Ces vieux guerriers, auxquels Louis XVIII n'avait cessé d'accorder tant de témoignages affectueux, l'entouraient en faisant des vœux pour lui. Le Roi, touché de cet accueil, leur dit ces paroles consolantes : « Mes camarades !..... et moi aussi, je suis invalide ! »

Quelques jours avant sa mort, on présenta à Louis XVIII un travail relatif à diverses commutations de peines. Il les accorda toutes, ajoutant : « Pour la première fois, il me coûte de signer grâces et faveurs ; je voudrais tout réserver à mon frère, car c'est par là que doit toujours commencer le règne d'un Bourbon. »

Dès le commencement de sa maladie, Louis XVIII perdit beaucoup de son embonpoint; s'en apercevant bien, il demanda à quelques personnages qui l'entouraient s'ils trouvaient qu'il eût maigri. Ces personnages crurent bien faire leur cour au Roi en affirmant le contraire. Alors Louis XVIII, leur faisant remarquer l'ampleur des manches de son habit, leur dit en souriant : Vous le voyez, mon habit n'est pas courtisan. »

En juin 1814, M. Picard eut l'honneur d'être présenté au Roi, et de lui offrir un exemplaire de son Théâtre. Sa Majesté, en acceptant cet hommage, lui dit avec bonté : « M. Picard, je vous connaissais de réputation ; j'ai vu jouer chez l'étranger quelques-unes de vos pièces ; je lirai les autres avec plaisir ; et, lorsque je serai triste, c'est à elles que j'aurai recours. »

Le Roi, qui s'était approché, le 13 septembre, du tribunal de la pénitence, voulut encore se confesser le lendemain. On assure qu'au moment où M. le grand aumônier arriva, le Roi dit à MONSIEUR : « Mon frère, vous avez des affaires qui vous réclament ; moi, j'ai des devoirs à accomplir. » Dignes paroles d'un fils de St.-Louis, et qui nous rappellent Henri IV, disant à son confesseur, pendant la cérémonie du couronnement de la Reine : *Je pense au jugement dernier et au compte que nous y devons rendre à Dieu.*

Le 20 septembre, jour où l'on apprit à Toulouse, la mort de Louis XVIII, un vieux soldat, nommé *Jean Labsous*, du 9e. de ligne, en garnison dans cette ville, aborda un vicaire de la métropole, et lui dit d'une voix fort émue :

Vous savez que notre bon Roi est mort. — Oui, mais vive le Roi! répondit l'ecclésiastique. — *Oui, vive le Roi!* reprit le soldat; *mais notre bon roi Louis XVIII est mort, et je veux faire chanter une messe pour que son âme entre au ciel;* et il finit par lui demander ce que cela lui coûterait.

L'ecclésiastique, touché de sa piété, refusa son argent, en lui disant que sa demande n'en serait pas moins remplie. Conformément aux pieuses intentions de ce fidèle soldat, la messe fut célébrée dans le chœur de Saint-Étienne le 23 du même mois.

Jean Labsous est le plus vieux soldat de son régiment; il sert depuis environ trente ans.

Depuis l'année 1820, Louis XVIII donnait, tous les ans, une somme de quinze mille francs pour délivrer des prisonniers pour dettes. Un de ses anciens et de ses plus fidèles serviteurs, M. le baron de Peronnet, unique confident de sa généreuse pensée, était chargé de remettre ce don à la Société formée pour le soulagement et la délivrance des prisonniers, et à laquelle le Roi avait daigné confier le soin d'accomplir le vœu de sa piété. Sa Majesté voulait qu'on délivrât de pauvres artisans enlevés à leur famille pour de petites dettes et de fidèles serviteurs du trône dont l'honorable dévouement avait causé l'infortune. Il recommandait, sur toute chose, de laisser ignorer la main qui versait tant de secours, et il fallait user de précautions pour que la grandeur du bienfait ne trahît pas un si noble secret. Ainsi, pendant cinq ans, et par les seuls bienfaits de Louis XVIII, plus de soixante-quinze mille francs de dettes ont été payés, cent quarante prisonniers ont été délivrés, et ce n'est qu'à la mort de Louis XVIII que ces infortunés ont appris, avec attendrissement, que c'est leur Roi qui a payé leur rançon.

FIN DES ANECDOTES.

LETTRES

DE

LOUIS XVIII.

Le style est l'homme.

LETTRES

DE

LOUIS XVIII.

Le vœu de la nation vous rappelle ici, Monsieur, et je vous y verrai avec le plus grand plaisir. En 1791, j'ai eu quelques préventions contre vous, sans cesser pour cela de vous estimer. Vos ouvrages m'ont réconcilié avec le ministre des Finances. A trente ans passés, on pense, on juge différemment qu'à vingt-cinq ans.

Signé Louis-Xavier de France.

---

(1) Louis XVI ayant chargé son auguste frère de rappeler Necker au département des Finances, Monsieur écrivit à ce ministre cette lettre, datée du......... 1792.

A Ham, ce 23 octobre 1793.

Mon Cousin, vous avez sans doute appris le crime affreux que les régicides viennent d'ajouter à tous leurs crimes. Je vous prie de remettre à la brave noblesse et à tous les Français fidèles qui sont sous vos ordres, la lettre ci-jointe, où j'ai tâché d'exprimer les sentimens dont nous sommes animés. Ces sentimens seront sans doute partagés par toute l'armée autrichienne : l'horrible assassinat de la fille de Marie-Thérèse ne peut être que profondément senti par ceux qui ont si bien servi son auguste mère ; et la douleur et l'indignation seront égales entre eux et nous. Je ne vous parle pas de tout ce que mon cœur éprouve : il vous sera facile d'en juger par le vôtre.

Je suis, mon Cousin,

Votre très-affectionné Cousin.

Signé Louis-Stanislas-Xavier.

Adresse de S. A. R. Monsieur,

RÉGENT DU ROYAUME, A L'ARMÉE.

A Ham, ce 23 octobre 1793.

Messieurs, je reçois, dans l'instant, la nouvelle de l'horrible attentat qui vient de terminer les jours de la Reine, ma belle-sœur. La douleur et l'indignation qu'il me cause ne peuvent être adoucies que par la part que vous y prendrez : vrais Français et sujets fidèles, nous devons sentir doublement l'horreur de ce crime. C'est en redoublant de zèle pour le service de notre jeune et malheureux Roi, que nous pouvons lui rendre, un jour, moins amères des pertes si cruelles, et faire disparaître la tache que des monstres veulent imprimer sur le nom français : tels sont, j'en suis bien sûr, les sentimens qui vous animent ; tels sont ceux que nous conserverons, mon frère et moi, jusqu'à notre dernier soupir ; tel est le but vers lequel tendent tous nos efforts, et pour lequel le sacrifice de notre vie ne nous coûterait rien.

Recevez, Messieurs, l'assurance, etc.

Signé Louis-Stanislas-Xavier.

7.

Lettre du Régent (1)

A Mgr. LE PRINCE DE CONDÉ.

Turin, 28 décembre 1793.

Ce n'est qu'en arrivant ici, mon cher Cousin, que j'ai reçu avec quelque certitude la nouvelle de la glorieuse affaire du 2 de ce mois, dont un bruit vague m'avait entretenu sur mon chemin. Il me serait difficile de vous exprimer la joie qu'elle m'a causée : ce n'est pas assurément que je doutasse de ce que peut la valeur de la noblesse française ; mais il était temps que les rebelles sussent ce qu'elle peut toute seule, et l'affaire même de Belheim ne le leur avait appris qu'imparfaitement. Cette joie serait cruellement empoisonnée, s'il me restait la moindre inquiétude sur la blessure de votre fils ; mais, tranquille à cet égard, je vous félicite de cette blessure même. Jouis-

(1) On sait qu'après l'attentat du 21 janvier, Monsieur, après avoir proclamé Louis XVII, roi de France, se déclara Régent du royaume.

sez, mon cher Cousin, de cette belle journée, comme bon français, comme général, comme vaillant chevalier et comme père. Pour moi, indépendamment de ma tendre amitié pour vous et du bien de l'État, je dois vous avouer que mon amour-propre jouit de voir trois héros de mon sang où jusqu'à présent je n'étais sûr de n'en trouver qu'un. Mais, mon sentiment pour vous ne doit pas me faire oublier cette brave noblesse qui s'est si fort distinguée sous vos ordres. Parlez-lui bien du double plaisir que je ressens de sa conduite, et comme gentilhomme Français, et comme régent du royaume.

Adieu, mon cher Cousin, vous connaissez ma bien tendre amitié pour vous.

Signé Louis-Xavier de France, Régent.

Au duc de Bourbon.

Vérone, ce 24 juin 1795.

Mon Cousin, je suis fort sensible à la part que vous prenez à ma juste douleur; elle en adoucit un peu l'amertume. Je suis bien sûr que vous combattrez pour moi, comme vous avez combattu pour le feu Roi, mon seigneur et neveu; mais j'espère que ce ne sera pas au même prix : votre sang est trop précieux pour l'État et pour moi, pour que je ne désire pas vivement qu'il plaise à Dieu de l'épargner. Comptez toujours sur l'estime et l'amitié véritables avec lesquelles je suis, mon Cousin,

Votre affectionné Cousin.

Signé LOUIS.

Au maréchal de Broglie (1).

Blankenbourg, le 5 décembre 1796.

Ce que vous dites, mon cher Maréchal, de l'armée de Condé, de son général, de Mgr. le duc d'Enghien, me fait le plus grand plaisir; mais jejouis particulièrement du témoignage que votre fils rend à mon neveu (2). C'est un bon juge qu'Amédée, soyez-en sûr, je l'ai vu à la besogne pendant le peu de temps que j'y ai été, et je puis vous répondre qu'il n'a pas

(1) Le Roi, instruit par la correspondance du prince de Condé et celle de ce maréchal, de la glorieuse campagne de Brisgaw, où trois attaques sanglantes, livrées en six jours par l'armée du prince de Condé, délogèrent de position en position l'armée républicaine qui occupait la rive droite du Rhin, et ayant appris que deux braves du sang des Bourbons, Berri et d'Enghien, y avaient rivalisé d'ardeur, et n'avaient pris nul repos avant d'avoir vu l'ennemi rejeté sur l'autre rive, répondit la lettre ci-dessus au maréchal de Broglie.

(2) Le duc de Berri venait de faire cette campagne, à la tête de la cavalerie noble.

dégénéré. Les anciennes chroniques nous apprennent que le Cid était le dernier des fils de don Diègue de Bivar, et qu'il se surpassa, disent-elles, au grand étonnement de toute l'Espagne (1). Adieu, mon cher Maréchal, vous connaissez toute mon amitié pour vous.

Signé LOUIS.

(1) Le prince Amédée de Broglie était aussi le dernier fils du Maréchal.

A Blankenburg ce 15 Janvier 1797.

Je cherche à me dédommager, mon cher Cousin, de l'impossibilité où j'ai été de continuer à partager les héroiques travaux de ma brave Armée, en lui donnant des temoignages certains de ma satisfaction, par les graces que je vous charge de lui annoncer. Sa valeur l'a fait triompher d'ennemis, dignes d'elle s'ils combattoient pour une meilleure cause; sa générosité a plus fait, elle a vaincu des haines que l'artifice le plus profond travailloit depuis si longtemps à nourrir; comme Roi, comme pere, je lui dois donc une egale reconnoissance. Géneraux, Officiers, gentilshommes, Soldats, tous l'ont méritée je voudrais pouvoir exprimer à chacun d'eux tout ce qu'il m'inspire, je remplis ce voeu en m'adressant à vous. Vous êtes à la fois leur Chef et leur modéle, je ne puis choisir un meilleur organe, ni vous donner à vous même une meilleure preuve de l'amitié dont vous sçavez bien, mon cher Cousin, que je suis pénétré pour vous.

Louis.

A Mgr. le prince de Condé (1).

Blankenbourg, le 15 janvier 1797.

Je cherche à me dédommager, mon cher Cousin, de l'impossibilité où j'ai été de conti-

(1) Cette lettre fut mise à l'*ordre* de l'armée, et S. A. S. l'accompagna de la note suivante:

« Des suffrages aussi glorieux suffisent, sans » doute, à la satisfaction de l'armée; mais celle que » j'éprouve à lui voir rendre, par le Roi et par son » auguste frère, la justice qui lui est si légitime- » ment due, ne serait point complète, si je n'ex- » primais pas moi-même et du fond de mon cœur, » à mes braves compagnons d'armes, toute ma re- » connaissance et toute mon admiration de la cons- » tante énergie et de la brillante valeur qu'ils ont » montrées pendant tout le cours de cette campagne. » La gloire de l'armée est la seule consolation que je » puisse éprouver de la perte de tant de braves » gens que je regrette tous les jours. Puissent les » événemens futurs couronner incessamment tant » de travaux, et me procurer enfin le bonheur de » voir la noblesse française plus heureuse et rétablie, » sous l'autorité de son Roi légitime, dans l'héritage » de ses pères et dans son antique splendeur. »

Signé Louis-Joseph de Bourbon.

nuer à partager les héroïques travaux de ma brave armée, en lui donnant des témoignages certains de ma satisfaction, par les grâces que je vous charge de lui annoncer. Sa valeur l'a fait triompher d'ennemis dignes d'elle, s'ils combattaient pour une meilleure cause. Sa générosité a fait plus : elle a vaincu des haines que l'artifice le plus profond travaillait, depuis si long-temps, à nourrir. Comme roi et comme père, je lui dois donc une égale reconnaissance : généraux, officiers, gentilshommes, soldats, tous l'ont bien méritée. Je voudrais pouvoir exprimer à chacun d'eux tout ce qu'ils m'inspirent ! Je remplis ce vœu en m'adressant à vous : vous êtes à la fois leur chef, leur modèle ; je ne puis choisir un meilleur organe, ni vous donner à vous-même une meilleure preuve de l'amitié dont vous savez bien, mon cher Cousin, que je suis pénétré pour vous.

Signé LOUIS.

Au pape Pie VII (1).

De Mittau, le 5 avril 1798.

Très-Saint Père,

Permettez qu'au milieu de l'affliction à laquelle le cœur de Votre Sainteté est en proie, la voix d'un fils tendre et respectueux s'élève vers elle pour lui exprimer celle qu'il ressent lui-même. Ma tristesse pourrait être moins profonde, si les attentats commis contre Votre Béatitude l'avaient été par d'autres que par des Français. Mais, Très-Saint Père, ce sont des enfans égarés; ils méconnaissent leur propre père; ils ont pu méconnaître aussi le père commun des fidèles. Daignez ne pas vous en prendre à eux, bien moins

(1) Louis XVIII ayant appris, avec une profonde douleur, la détention de Sa Sainteté à la Chartreuse de Florence, lui écrivit la présente lettre.

encore à la France : elle est, elle sera toujours LE ROYAUME TRÈS-CHRÉTIEN, comme VOTRE SAINTETÉ sera toujours le successeur de Saint Pierre. Les seuls coupables sont les tyrans qui abusent ou qui oppriment mon peuple. VOTRE SAINTETÉ ne confondra pas leurs victimes avec eux ; et ses prières, plus agréables que jamais à Dieu dans ces temps d'épreuves et de douleur, seront, j'ose l'en conjurer, plus spécialement dirigées en faveur de cette nation qui ressent d'une manière si terrible les effets de la colère céleste.

Quant à moi, TRÈS-SAINT PÈRE, je renouvelle à VOTRE SAINTETÉ les assurances de mon attachement inviolable au Saint-Siége, et de ma vénération pour VOTRE PERSONNE SACRÉE, avec lesquels je suis,

TRÈS-SAINT PÈRE,

Votre très-dévot Fils.

Signé LOUIS.

A Mgr. le duc d'Enghien.

Mittau, 22 février—5 mars 1800.

J'éprouve, mon cher Cousin, une grande satisfaction à vous annoncer que l'empereur de Russie, dont l'amitié pour moi ne se dément jamais, a bien voulu, sur ma demande, vous nommer grand'croix de l'ordre de Saint-Jean de Jérusalem. Les liens du sang auraient suffi pour m'engager à faire cette demande; mais, de plus, je me trouve heureux que S. M. I. me mette en état d'acquitter une partie des dettes que j'ai contractées envers vous en 1793, et surtout en 1796.

Adieu, mon cher Cousin : vous connaissez toute mon amitié pour vous.

Signé LOUIS.

*

A Mgr. le prince de Condé.

Mittau, 1er avril 1801.

J'AI reçu, mon cher Cousin, le paquet que vous avez remis à mon neveu pour moi : il m'a rapporté en même temps l'heureuse nouvelle des bonnes dispositions de l'Angleterre en faveur d'un corps dont la dissolution n'est pas la moindre de mes peines, mais que je vois avec orgueil l'objet de l'admiration de toute l'Europe, comme il fait la fierté du nom français. Jouissez, mon cher Cousin, de cet ouvrage qui est le vôtre ! goûtez, puisque les circonstances vous y contraignent, le même repos que le plus illustre de vos aïeux goûta volontairement sous les lauriers ! Tout vous sera Chantilly; mais n'oublions pas que la conquête de la Franche-Comté, le passage du Rhin, Seneff, interrompirent la retraite de ce grand homme, et que ce fut à Fontainebleau qu'il termina son héroïque carrière.

Signé LOUIS.

Billet écrit de la main du Roi,

A MADAME LA DUCHESSE D'AVARAY,

En Octobre 1813.

L'AGE et les infirmités ont pu changer la main qui vous écrit ; mais vous reconnaîtrez une amitié de plus de quarante ans. Un lien encore plus sacré nous unit ; en vain la mort a-t-elle cru le briser, il subsistera toujours dans nos cœurs. Que Dieu veille sur vous deux ! je ne renoncerai jamais à l'espoir de pleurer, avec vous, tout ce que nous avons perdu : c'est le seul plaisir qui nous reste.

Signé LOUIS.

A Mgr. le prince de Condé.

Varsovie, ce 9 avril 1804.

Je reçois l'affreuse nouvelle, mon cher Cousin (1). J'aurais plus besoin de recevoir moi-même des consolations que je ne suis en état de vous en donner. Une seule pensée peut nous en fournir : il est mort comme il a vécu, en héros. Ah ! du moins, que ce malheur n'en entraîne pas d'autres ! Songez que la nature n'a pas seule des droits sur vous, et que le vainqueur de Friedberg et de Berstheim se doit aussi à la France, à son Roi, à son ami. Adieu, mon cher Cousin.

Signé LOUIS.

(1) L'assassinat du duc d'Enghien.

A M. d'Hoym (1),

PRÉSIDENT DE LA CHAMBRE PRUSSIENNE, A VARSOVIE.

Varsovie, 24 juillet 1804.

On m'a rendu compte, Monsieur, d'un projet contre ma vie. S'il n'était question que de moi, s'il ne s'agissait que de fer, accoutumé, vous ne l'ignorez pas, à de pareils avis, j'y ferais peu d'attention; mais le poison menace aussi ma femme, mon neveu, ma nièce, mes fidèles serviteurs; je trahirais mes devoirs les plus sacrés, si je méprisais ce danger. Peut-être n'ai-je à devoiler qu'une basse infamie. Dans les deux cas, j'ai besoin de m'entendre avec vous. Je vous prie de venir ce soir même: j'y trouverai de plus la satisfaction de vous assurer, Monsieur, etc.

Signé LOUIS.

---

(1) A l'occasion de l'empoisonnement tenté sur sa personne, à Varsovie.

Le Président ne fit aucune réponse.

(*Note de l'Éditeur.*)

A S. M. T. C. Charles IV,

ROI D'ESPAGNE,

EN LUI ENVOYANT LES INSIGNIA DE L'ORDRE DE LA TOISON D'OR.

Varsovie, 5 juin 1805.

SIRE,

C'EST avec regret que je vous renvoie les *insignia* de l'ordre de la Toison d'or, que S. M. votre père, de glorieuse mémoire, m'avait confiés. Il ne peut y avoir rien de commun entre le grand criminel que l'audace et la fortune ont placé sur mon trône, qu'il a eu la barbarie de teindre du sang pur d'un Bourbon, le duc d'Enghien. La religion peut m'engager à pardonner à un assassin; mais le tyran de mon peuple doit toujours être mon ennemi. Sans doute il est plus heureux de mériter un sceptre que de le porter. La Providence, par des motifs incompréhensibles, peut me condamner à finir mes jours en exil; mais ni la postérité, ni mes contemporains ne pourront dire que, dans les temps de l'adversité, je me suis montré indigne d'occuper jusqu'au dernier soupir le trône de mes ancêtres.

Signé LOUIS.

A M. Fauche-Borel (1).

Mittau, ce 22 mars 1807.

Depuis ma sortie de France, Monsieur, je n'ai pas fait un pas qui n'ait tendu à me rapprocher de mon malheureux peuple égaré ; et voilà mon itinéraire depuis environ quinze ans. Ma correspondance peut faire foi de mes efforts, sans cesse infructueusement renouvelés auprès de toutes les Puissances, pour que moi et les miens puissions prendre une part active à la guerre. Cette esquisse n'est point consolante, mais elle est nécessaire à présenter à ceux qui désirent, avec tant de raison, mon rapprochement. Les efforts les plus infatigables furent renouvelés, à cet effet, un an

(1) Cette lettre écrite par le Roi, en mars 1807, à M. Fauche-Borel qui lui demandait de nouveaux pouvoirs et de nouvelles instructions, jette la plus vive lumière sur l'état de la France à cette époque. Elle fait connaitre en même temps les intentions, les vues et les dispositions de Louis XVIII, huit années avant sa rentrée en France.

avant le début de cette désastreuse campagne de 1805 à 1806; et, en ce moment, même je suis en état de prouver que je travaille au même objet.

Depuis le commencement de la révolution, tout en France et au-dehors tourne sur un cercle vicieux. Chez l'étranger, beaucoup d'esprits, imbus des idées philosophiques, ont aimé, aiment peut-être encore la révolution, puisque tous l'ont crue populaire et, par conséquent indestructible. Mais en même temps on voyait bien qu'elle désorganisait tout: on s'est flatté que, dans cet état de désordre, il serait facile de faire des conquêtes, et cette idée n'est pas totalement effacée; témoin le dernier traité entre les puissances, qui (soit dit en passant) rappelle assez bien la peau de l'ours. Cette double erreur est la source de la conduite constamment tenue à mon égard. On voit, d'une part, qu'il n'y a rien à faire pour moi; et de l'autre, on craint, en me mettant en avant, de se compromettre si l'on ne réussit pas, et de nuire, si l'on réussit, à des projets ambitieux ultérieurs. Je suis très-sûr que l'empereur de Russie n'a point de tels projets; mais tout me prouve qu'il partage l'autre erreur, et cela suffit pour qu'il agisse avec moi comme les autres souverains.

En France, cette conduite des Puissances a inspiré contre elle une méfiance qu'on ne peut dire mal fondée, mais qui, cependant, a des effets très-funestes. De plus, les yeux ne peuvent percer à travers les nuages qui enveloppent moi et les miens : on nous accuse de tout abandonner, et cette injustice m'afflige profondément, sans que je puisse entièrement la condamner. Dieu seul voit les choses telles qu'elles sont; les hommes ne peuvent juger que sur les apparences. Il en résulte cependant un découragement, une inertie qui, de plus en plus, creuse l'abîme.

Placé entre les deux partis, je leur crie également, vous vous trompez; mais d'une part, ma voix n'est pas entendue; de l'autre, elle n'est pas écoutée. Je sais bien que, si je pouvais me montrer, me rapprocher seulement, cela serait très-utile: mais les Puissances n'y consentent pas, parce que la chose leur paraît au moins superflue. Je sais également qu'un mouvement en France leur ouvrirait les yeux; mais ce mouvement ne s'opère pas, parce qu'on n'en ose même espérer le succès, d'après l'opinion qu'on a des Puissances et de moi-même. Voilà le cercle vicieux dont je parlais tout à l'heure.

Quelles instructions puis-je donner? Quels pouvoirs puis-je départir? Qui en revêtirai-je? On demande que je parle de nouveau; A qui? comment? en quel langage? J'oserais ici citer les paroles de l'Evangile : *Ils ont Moïse et les Prophètes; qu'ils les écoutent: car s'ils ne les écoutaient pas, un mort ressusciterait, qu'ils ne le croiraient pas.* Pour suivre l'application, Moïse et les Prophètes, c'est ma déclaration du 2 décembre 1804; le mort qui ressuscite serait une garantie nouvelle. Tout est renfermé dans ma déclaration. S'agit-il d'un militaire? conservation de grade, de l'emploi, avancement proportionné aux services, abolition du réglement de 1781, tout y est assuré. Veut-on aborder un administrateur? son état sera maintenu. Un homme du peuple? la conscription, cet impôt personnel, le plus onéreux de tous, sera aboli; et ceux dont l'état n'est pas spécifié dans la déclaration, le plus simple raisonnement, par analogie, suffit pour les satisfaire. Que je voulusse excepter l'armée, cela s'entendrait; mais par quelle prédilection conserverais-je ce juge, cet administrateur, tandis que je dépouillerais celui qui exerce d'autres fonctions, et qui aurait aussi bien mérité qu'eux? A un nouveau propriétaire? je me déclare le protecteur *des droits et des intérêts de tous*. Un coupable enfin? les poursuites sont défendues; l'amnistie générale est solennellement annoncée; la porte du repentir est ouverte; et, sur tous ces points, on ne peut douter de ma bonne foi, puisque je ne fais que citer mes instructions qui ont six ans de date.

Quelle plus ample instruction peut-on recevoir? Des pouvoirs sont inutiles. Le zèle suffit pour prêcher une pareille doctrine. Des pouvoirs d'ailleurs ne peuvent se donner qu'à un petit nombre de personnes. Ma déclaration peut faire autant de missionnaires qu'on en tirerait d'exemplaires; et ce sont des missionnaires qu'il faut en ce moment. Les pouvoirs enfin sont nécessaires pour traiter : nous n'en sommes pas là, mais non pour convertir; et c'est la conversion qu'il faut avoir pour objet. Si je me trouve, comme Henri IV, dans le cas de racheter mon royaume, je donnerai des pouvoirs à qui cela sera nécessaire; mais actuellement cela n'est pas le cas d'en donner. Vous connaissez, Monsieur, tous mes sentimens pour vous : ils n'ont point changé.

Signé LOUIS.

A l'empereur Alexandre.

SIRE,

LE sort des armes a fait tomber dans les mains de Votre Majesté impériale plus de cent cinquante mille prisonniers ; ils sont la plus grande partie Français. Peu importe sous quels drapeaux ils ont servi ; ils sont malheureux ; je ne vois parmi eux que mes enfans ; je les recommande à la bonté de Votre Majesté impériale. Qu'elle daigne considérer combien un grand nombre d'entre eux ont déjà souffert, et adoucir la rigueur de leur sort ! Puissent-ils apprendre que leur vain-

(1) Le Roi, abandonné, banni du sol natal, ne cessait de porter ses regards vers sa patrie ; au milieu même des coups affreux qui avaient successivement frappé son cœur, il écrivit à l'empereur de Russie la lettre ci-dessus, datée de Hartwel...... janvier 1813.

Une si noble sollicitude ne saurait être inspirée qu'à un monarque légitime.

(*Note de l'Éditeur.*)

queur est l'ami de leur père ! Votre Majesté ne peut pas me donner une preuve plus touchante de ses sentimens pour moi.

Signé LOUIS.

Au général Pichegru. (1)

Vous connaissez, monsieur, les malheureux événemens qui ont eu lieu en Italie. La nécessité d'envoyer trente mille hommes dans cette partie fait suspendre définitivement le projet de passer le Rhin. Votre attachement à ma personne vous fera juger à quel point je suis affecté de ce contre-temps, dans le moment surtout où je voyais les portes de mon royaume s'ouvrir devant moi. D'un autre côté, les désastres ajouteraient, s'il est possible, à la confiance que vous m'avez inspirée : j'ai celle que

(1) Cette lettre, écrite par le Roi à Pichegru, fut remise secrètement à ce général par le sieur Fauche-Borel, en qui le prince avait toute confiance. Les pouvoirs que le Roi lui avait remis en conséquence étaient écrits sur de la gaze, et conçus en ces termes :

« Pleine et entière confiance dans le porteur du » présent : j'approuve et ratifie d'avance tout ce » qu'il jugera convenable de faire pour mon service » et l'intérêt de l'État. »

Signé LOUIS.

vous rétablirez la monarchie française ; et, soit que la guerre continue, soit que la paix ait lieu cet été, c'est sur vous que je compte pour le succès de ce grand ouvrage. M. Louis Fauche vous remettra cette lettre ; je lui ai donné mes pouvoirs, afin que, dans le cas où vous jugerez à propos de faire faire des démarches auprès des généraux de l'armée d'Italie, elles n'éprouvent pas le moindre retard : vous êtes le maître de décider à cet égard. Je dépose entre vos mains, monsieur, toute la plénitude de ma puissance et de mes droits ; faites-en l'usage que vous croirez nécessaire à mon service. Si les intelligences précieuses que vous avez à Paris et dans les Provinces ; si vos talens et votre caractère surtout pouvaient me permettre de craindre que quelqu'événement, impossible à prévoir, vous obligeât à sortir du royaume, c'est entre M. le prince de Condé et moi que vous trouveriez votre place. Si j'en connaissais une plus digne de vous, je vous l'offrirais. En vous parlant ainsi, j'ai à cœur de vous témoigner mon attachement et mon estime; car vos rares qualités rendent impossible un avenir semblable; et ce que vous avez fait jusqu'à présent est un sûr garant que vous exécuterez ce qui vous reste à faire. Je me flatte que M. Wickham continuera de soutenir, avec la même générosité, les secours que vous pouvez désirer. Je sens combien ils deviennent nécessaires lorsqu'il faut plus que jamais renfermer et diriger l'opinion publique. Ne négligez rien pour produire cet effet, dont l'importance est si majeure. M. le duc de la Vauguyon accompagnera M. Louis Fauche à Berne, afin de presser l'envoi des fonds. J'attends de vos nouvelles avec bien de l'impatience. Je ne vous parlerai point de mon estime et de ma reconnaissance; le sentiment que vous devez avoir de vous-même, répond de tout ce que je pense, de tout ce que je sens pour vous.

Signé LOUIS.

A Anc.-Ls.-Fois. d'Avarai,

SON LIBÉRATEUR,

LOUIS-STANISLAS-XAVIER DE FRANCE, *plein de reconnaissance*, SALUT.

Je sais, mon cher ami, que vous travaillez à tracer le détail de ce qui a précédé et accompagné le moment où vous m'avez rendu la liberté : personne n'est plus en état que vous de bien faire connaître votre ouvrage ; cependant, je l'entreprends aussi. Il est possible que votre modestie vous empêche de vous rendre entièrement justice, et c'est pour moi un devoir, aussi sacré que doux à remplir, de parer à cet inconvénient : ce serait me rendre ingrat de souffrir que qui que ce soit au monde, même vous, osât ravir à mon libérateur la moindre partie de la gloire qui lui est due. C'est donc bien plus dans cette vue, que pour me rappeler le souvenir d'événemens qui seront toujours présents à ma pensée, que j'écris cette relation. Recevez-la comme un gage de ma tendre amitié, comme un monument de ma reconnaissance. Puisse-t-elle servir à acquitter une partie de la dette qu'il m'a été si doux de contracter, et dont il m'est encore plus doux de penser que je serai éternellement chargé !

Signé LOUIS.

POÉSIES

ÉDITES ET INÉDITES

DE

LOUIS XVIII.

POÉSIES

ÉDITES ET INÉDITES

DE

LOUIS XVIII.

ers

ÉCRITS SUR UN ÉVENTAIL PRÉSENTÉ A LA REINE.

Au milieu des chaleurs extrêmes,
Heureux d'amuser vos loisirs,
Je saurai près de vous appeler les Zéphirs :
Les Amours y viendront d'eux-mêmes.

Le petit Prince et ses Cartes.

APOLOGUE.

D'un beau poupon royal Sa Majesté future
Avec des Cartes s'amusait :
Ignorant leur emploi, l'enfant ne s'y plaisait
Que par l'attrait de leur peinture,
Et rejetait, non sans dédain,
Tout ce qui n'était pas figure.
L'une, plus sensible à l'injure
D'être prise pour du fretin,
Fit cette remontrance au petit Souverain :
— Peintures sont chez nous ce qu'est votre noblesse :
Elle a bien son mérite. Occupez-vous des grands;
Mais les petits, aux yeux de la sagesse,
Doivent-ils être indifférens?
Gardez-vous donc de jamais croire
Que le jeu subsiste sans nous.
Lisez, consultez notre histoire :
Interrogez nos jeux de couleur rouge et noire :
Franchement ils vous diront tous
Que de notre union résultent les grands coups,
Et que d'un Roi son peuple est la force et la gloire :
Pour vous défendre, enfin, de prendre un ton fort haut
Avec la Carte la plus mince,
Apprenez qu'au Piquet, mon joli petit Prince,
Faute d'un huit, on est capot.

A mes Serins.

Vous que votre légèreté
A mon affection ne rend point infidèles,
Qui, préférant ma joie à votre liberté,
Pour quitter mes foyers n'usez pas de vos ailes,
O mes jolis Serins! on a paru surpris
De tous les soins que je vous donne.
Hélas! je plains celui que ce plaisir étonne :
D'un passe-temps bien doux il ignore le prix.
Oublié de Plutus, hôte d'une chaumière,
Ne pouvant aux humains procurer le repos,
L'homme sensible achète une volière,
Et se plaît à jouir du sort de ses oiseaux :
Ainsi, comme il le peut, son cœur se dédommage
Du bien qu'à son semblable il est privé d'offrir.
Quand de votre bruyant ramage,
On prétend que je dois souffrir,
Beau petit peuple ailé, c'est encor se méprendre :
Bien loin d'importuner jamais,
La voix des heureux qu'il a faits
Est le son le plus doux que l'homme puisse entendre.

Le lever du Riche.

A MIDI, devant un poëte,
Un riche nigaud se levait;
Et, selon l'usage, il avait
Le faste que l'orgueil souhaite.
—Vous vous levez tout seul, dit-il au pauvre auteur;
Quel ennui doit être le vôtre?
— Monsieur, sortez de cette erreur,
Lui répond, en souriant, l'autre :
Sitôt que le jour voit des ombres de la nuit
Mes paupières débarrassées,
Ainsi que vous, une foule me suit :
Vous avez des laquais; et moi, j'ai des pensées.

A M. le Comte de...

Non, mon ami, non, la religion,
Même à Paris, n'est pas encor perdue;
Ses devoirs ont prescrit la restitution
Qui fort à propos m'est rendue :
D'Orry, mon oncle, un des vieux serviteurs,
Entre les mains d'un digne prêtre,
A remis en mourant les écus tentateurs
Que, par un juste compte, il devait à son maître.
Or, je suis le seul héritier
De ce ministre, étrange personnage,
Homme en place si singulier,
Que son renom me vaut cent fois son héritage.
Quiconque à des trésors n'est point habitué,
Sent le prix de pareille aubaine.
Je vivrai donc gaîment, pendant une semaine,
D'un peu de bien restitué;
Tandis que parfois mes semblables,
De ministres fils ou neveux,
Fort opulens, peut-être malheureux,
Vivent de biens restituables.
Six cents livres, argent comptant,
Prouvent du débiteur l'honnête inquiétude :
A la bonté du Ciel, à ce cœur repentant,
Je dois toute ma gratitude;
Mais ne verrai-je point se livrer aux remords

Et venir à résipiscence
De la maison les riches matadors,
Intendans, pourvoyeurs, experts dans la science
De multiplier les zéros?
Par l'espoir du bonheur, par l'effroi de la flamme,
De mon petit fripon, ô vous qui touchez l'âme,
Dieu de bonté, n'oubliez pas les gros!

La défense des Jockeis.

Les critiques, toujours mordans,
Des Jockeis condamnent l'usage :
Que fait-on, disent-ils, d'un enfant de douze ans,
Faible, étourdi, petit, comme on est à cet âge?
Eh ! messieurs les bavards, sur ces jolis enfans
Finissez des discours que le fiel accompagne :
Peut-être les héros, du temps de Charlemagne,
A leur service avaient-ils des géans.
Mais tout a bien changé depuis deux cent trois lustres!
Et j'ose soutenir, contre vos sots caquets,
Que nombre d'héritiers de nos hommes illustres
Sont assortis à leurs laquais.

Le Ministre et les Modes.

CONTE.

LA Cour en deuil.... Damon sans habit noir !....
Il en faut un, et vite ; c'est pour voir
D'hier en place un généreux Ministre
Qui s'intéresse à son destin sinistre.
Le huit du mois, l'ordre est donné ; le neuf,
Maître Leclerc apporte un habit neuf ;
Et, l'essayant aussitôt qu'il arrive,
Damon le trouve, ô douleur juste et vive !
Fort long de taille : or, depuis deux grands jours,
La mode veut que les habits soient courts.
Pour l'ajuster on le remporte, on veille.
Le lendemain, la taille est à merveille ;
Et, cette fois, Damon bien habillé ;
Mais... le Ministre était disgracié.

Les Titres.

A UN MINISTRE DES FINANCES.

Les travaux d'un aïeul et d'un oncle et d'un père ;
La gloire que jadis acquit leur ministère,
Disait le pauvre Orgon, pour moi ne parlent plus ;
C'est à nos seuls talens que l'autorité cède.
Ainsi vous accordez par an deux mille écus
A G**, le chanteur, au chanteur D***.
Je ne viens point ici, moins heureux mille fois,
Occuper votre temps de mes complaintes fades ;
Mais je veux établir sur vos bontés mes droits.
— Quels sont-ils ? — Le *Mercure* est plein de mes charades.

Orgueil et Simplesse.

Au parquet d'un spectacle, un comte de Tufières,
Heurté par un bourgeois, furieux, s'écria :
— Morbleu ! si mes gens étaient-là,
Je te ferais donner les étrivières.
— Moi, qui ne me fais pas servir,
Dit l'autre d'un sang froid extrême,
Monsieur, si vous voulez sortir,
Je vous les donnerai moi-même.

La Vraisemblance.

Chez un triste et vieux conseiller
Dont l'épouse est jeune et galante,
De l'antique château la vieille gouvernante
Nous promenait de la cave au grenier.
Dans la grande salle aux peintures,
Qu'elle appelait le beau salon,
Parmi cent grotesques figures,
En robe rouge, on voyait Aaron :
Sur son auguste chef un double rayon brille.
Lise du front cornu veut apprendre le nom :
Ne voyez-vous pas, dit Damon,
Que c'est un portrait de famille !

Les deux Moissons.

Ariste, à de petites femmes
Tu fais de petits madrigaux,
Disait un auteur d'épigrammes :
Ce sont de bien petits travaux.
On ne voit plus, même en province,
De ces petits vers si benins.
Compte, en semant de pareils grains,
Sur la récolte la plus mince.
Huit jours après, pour la façon
D'une épigramme fort amère,
Des laquais le bras mercenaire
Assomme le pauvre garçon.
Auprès de l'épigrammatiste,
Le hasard conduisit Ariste,
Comme on achevait la leçon :
— Mon cher, dit-il, l'autre semaine,
Tu te moquais de ma moisson ;
Mais je la préfère à la tienne.

Le Prêt usuraire.

Le rédacteur d'un *Recueil* littéraire,
Comptait sur son débit. Il allait désarmer
La fortune à ses vœux jusqu'alors fort contraire :
L'embarras était d'imprimer :
Mondor apprend sa peine ; il vient, plus de misère !
— Je vous prête vingt-cinq louis
Encor tout neufs, six cents livres, vous dis-je :
Je ne suis pas un juif,... pour l'intérêt, j'exige
Qu'au nombre de vos vers six cent des miens soient mis.
Le besoin pressait : comment faire ?
Les vers sont apportés, l'engagement est pris ;
L'ouvrage est sous la presse, et Mondor dans sa terre.
Un mois après, de retour dans Paris,
Il va chez le poëte. — Eh bien ! mon cher confrère,
Notre *Recueil* a-t-il beaucoup donné !
— Ah ! vos vingt-cinq louis m'auraient tiré d'affaire;
Mais l'intérêt m'a ruiné.

Le Palais Royal.

Séjour et des Jeux et des Ris,
Ce beau palais, où tout abonde,
Est précisément, dans Paris,
Ce que Paris est dans le monde.

A Kien Long,

EMPEREUR DE LA CHINE.

A l'occasion d'un repas donné par ce Prince à trois mille Vieillards (1).

Ah! Seigneur, quel banquet auguste!
Trois mille vieillards près de toi
Bénissent tes mets et ta loi
Pendant cinquante ans douce et juste.

Tel que Jupiter, chez Baucis,
Parut sans morgue et sans tonnerre,
Là, tu sembles un tendre frère
Entre tous ses frères assis.

Combien de caresses touchantes
On te voit réunir sur eux!
Empereur, tu les rends heureux;
Et poëte, encor tu les chantes.

---

(1) Ce repas fut donné pour célébrer la cinquante-cinquième année de son règne, et la soixante-quinzième de son âge. Le Prince ne voulut être distingué que par sa bienfaisance, et termina le festin par des vers de sa façon, en l'honneur de ses sujets.

(*Note de l'auteur*).

Que sous tes pieds soit abattu
Tout souverain que l'orgueil trompe,
Qui met dans une vaine pompe
La gloire, fruit de la vertu ;

Qui, pour salut, baissant à peine
Une tête vide de sens,
Craint de trop payer notre encens
Par sa complaisance hautaine.

Ne crois pas qu'en flatteur banal
Je me présente, et que j'épie
L'instant d'avoir quelque roupie (1)
De ton trésor impérial.

Les présens libres de ma lyre
Des rois ne cherchent point la main :
Vertueux, le dernier humain
Parmi les héros peut se dire.

Tant de pays à traverser,
Te déroberont mon hommage :
Mais sache, s'il fait bon voyage,
Ce que de moi tu dois penser.

Des beaux traits du double hémisphère
C'est un adorateur constant ;
C'est un poëte à sentiment
Qui félicite son confrère.

---

(1) Monnaie d'Asie.

Sur le métier de Bouffon.

Afin de mettre un pot au feu,
Hélas ! quand il faut que l'on rie,
Ce doit être un bien triste vœu
Que le vœu de plaisanterie.

L'Étourdi.

UNE vieille maman, de ses filles l'Argus,
Du beau Damis excitait la colère :
— Amour, s'écria-t-il, ô destin! ô Vénus!
Si vous veilliez aux plaisirs de la terre,
Cette vieille disparaîtrait!
On fatigue les yeux en cessant de leur plaire.
— Que la reconnaissance ou la raison t'éclaire,
Répondirent les dieux : d'un immortel attrait
Toute femme est parée aussitôt qu'elle est mère.

La Bienfaisance.

Sur le grand nombre de Souscripteurs, depuis un écu jusqu'à 50,000 livres, que chaque jour multiplie, relativement aux hôpitaux à construire (1).

Moins gais que les Français, Messieurs les étrangers,
Croyez-vous pour cela votre âme plus humaine ?
Les bons Parisiens, que la nouveauté mène,
Dès qu'il faut s'attendrir, cessent d'être légers.
La Bienfaisance règne au pays des charades,
Et si bien captive les cœurs,
Que l'hôpital bientôt, parmi ses bienfaiteurs,
Comptera jusqu'à ses malades.

(1) Cette pièce a été lue le 18 juillet, à la séance publique du Musée de Paris.

Couplets chantés à table, le jour où il reçut la Croix de Saint-Louis.

AIR : *Je suis Lindor.*

L'HOMME a souvent des croix dans sa carrière,
Mais toi, papa, mari toujours heureux,
Toujours aimé, tout va suivant tes vœux ;
Ta seule croix est à ta boutonnière.

Si les vertus autres que les guerrières,
Sur pareil prix avaient aussi leurs droits,
Aimable ami, pour attacher tes croix,
Tu n'aurais pas assez de boutonnières.

Le verre en main, puisse la troupe entière,
Se réunir ainsi que nous voilà,
Quand Minonet (1) à son tour obtiendra
Que Saint-Louis pende à sa boutonnière !

(1) Joli enfant âgé de neuf ans, le plus jeune de ses fils, dont l'aîné vient d'entrer au service (août 1788).

Le Phénix et le Moineau.

FABLE.

Un pauvre moineau criait :
— Jusqu'à ce que l'août revienne,
Que faut-il que je devienne !
Je n'ai qu'un peu de millet.
A sa douloureuse antienne
Pas une âme ne s'éveillait.
(L'égoïsme partout forme des cœurs de roche,
Et l'infortune a toujours tort).
Le Phénix l'entend, il s'approche ;
Il s'intéresse à son malheureux sort :
— Le millet, lui dit-il, des grains qu'ici l'on sème
Est le meilleur à mon gré :
En avez-vous ? — Hélas ! à peine plein un dé.
— N'importe : au point où je l'aime,
Je le paîrai trop peu par un sac de gros blé.
Du moineau coulent les larmes ;
Il répond : — Oiseau divin,
De ton généreux dessein
Que ta délicatesse accroît encor les charmes !
C'est mon bonheur qui te plaît :
Ah ! puis-je en être la dupe ?
Plus tu caches ton bienfait,
Et plus mon cœur s'en occupe.
Fier protecteur, de qui le faible appui
Aide le malheureux bien moins qu'il ne l'offense,
Imitez du Phénix la douce bienfaisance,
Vous serez aimé comme lui.

Les Mouchoirs blancs.

ANECDOTE HISTORIQUE.

Gand, 1815.

Pourquoi ne pas faire pour moi
Ce que l'on faisait pour le Roi ?
Disait Napoléon à sa cour qui l'adore,
Autant qu'elle-même on l'honore.
Lorsque Louis sortait, on dit que, dans Paris,
Des mains, blanches comme les lis,
Agitant des Mouchoirs qui l'étaient plus encore,
Interprètes muets de joie et de candeur,
D'un sexe aimant signalaient le bonheur.
Moi, je n'ai point la petitesse
De prendre en haine une couleur :
D'une main, d'un Mouchoir l'éclatante blancheur
N'a rien, dans le fond, qui me blesse.
J'accepterais, en Empereur,
Cette innocente politesse.
— Sire, lui répondit un courtisan matois,
Je ne vois rien là qui m'étonne :
Tous les droits de Louis, la France vous les donne ;
Mais chacun sait qu'on disait autrefois :
Sur qui n'a rien le Roi n'a plus de droits ;
Et tout bonnement je soupçonne
Les dames dont le cœur chérit votre personne,
De se moucher avec leurs doigts.

FIN.

TABLE

DES MATIÈRES.

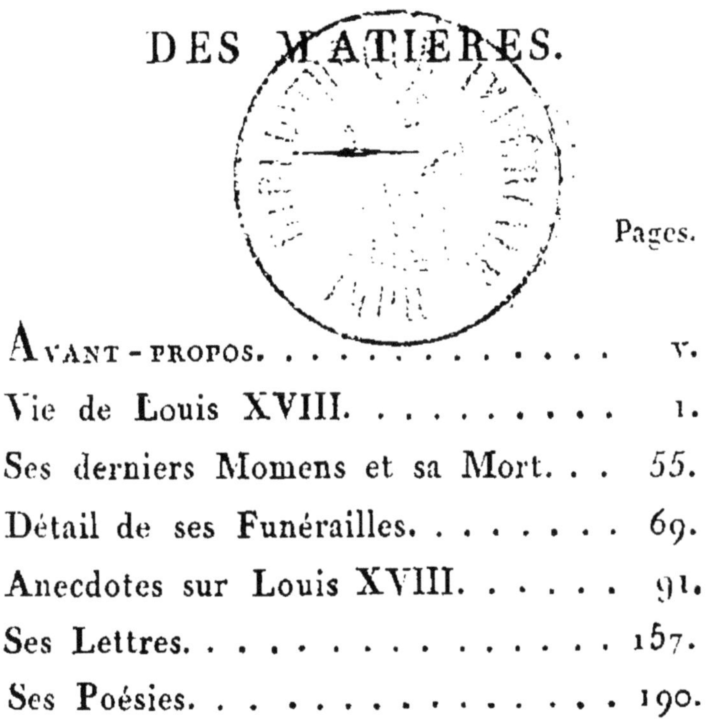

Pages.

Avant-propos. . . . . v.
Vie de Louis XVIII. . . . . 1.
Ses derniers Momens et sa Mort. . . 55.
Détail de ses Funérailles. . . . . 69.
Anecdotes sur Louis XVIII. . . . . . 91.
Ses Lettres. . . . . 157.
Ses Poésies. . . . . 190.

FIN DE LA TABLE.

www.ingramcontent.com/pod-product-compliance
Ingram Content Group UK Ltd.
Pitfield, Milton Keynes, MK11 3LW, UK
UKHW020211250726
13967UKWH00003B/1405